女性が輝く小企業

日本政策金融公庫総合研究所　編

は し が き

　1986年の男女雇用機会均等法の施行から、今年でちょうど25年が経つ。この間、わが国において、雇用者に占める女性の割合は、ほぼ一貫して上昇を続けてきた。そして男性と同じように就職し、キャリアアップを目指す女性の姿は、もはや決して珍しいものではなくなった。近年では、女性のさらなる活躍推進に取り組む動きも企業の間で広がりをみせている。

　ただ、新聞やテレビなどに取り上げられるこうした取り組みは、主に大企業によるものであり、中小企業や小企業に目が向けられることは少ない。さらにいえば、小企業の実態は官庁統計でも十分にはカバーされていない部分があり、女性雇用の全体像を把握することも難しいのが現状である。

　では、小企業では女性がどのような働き方をしているのか。果たして小企業において、女性の活躍を促すための取り組みはどのように行われているのか。こうした問題意識のもと、当研究所では、「小企業の女性雇用に関する実態調査」を実施した。調査は、日本政策金融公庫の融資先を対象とするアンケートと、企業経営者へのヒアリングから成る。調査をとりまとめたのは、上席主任研究員の深沼光と主任研究員の藤井辰紀である。

　本書は5章構成となっている。序章では、官庁統計や既存の調査などのデータを用いて、わが国で女性の力が注目される背景や、働く女性を取り巻く環境の変化について概観する。

　第1章では、アンケート結果をもとに、個人の属性、就業状況、就業ニーズなどといった切り口から女性従業員の実態を分析し、小企業が多様な雇用の受け皿となっていることを明らかにしていく。

　第2章では、家族従業員の過半を占める、経営者の妻や母といった

女性たちの働き方をアンケートにより示しながら、彼女たちが小企業において果たしている役割について論じる。

　第3章は、女性の活躍が企業経営にもたらす効果、女性の活躍を阻害する要因、そして女性のもつ力を引き出すための小企業の取り組みについて、事例を交えながら考察している。

　第4章は、個人向けのアンケートである東京大学社会科学研究所「働き方とライフスタイルに関する全国調査」のデータを用いて、女性のキャリアにおける小企業の役割や位置づけを解明する。執筆は、東北大学大学院教育学研究科の三輪哲准教授にお願いした。

　また本編とは別に、事例編として、女性が活躍している13件の小企業を紹介している。

　本書が、女性が活躍できる職場環境づくりを目指す経営者の方々や、小企業を支援される関係諸機関の皆さまに、多少なりとも役立てば幸いである。

　最後になったが、アンケートやヒアリングにご協力いただいた小企業の経営者や従業員の皆さまからは、実に多くのことを学ぶことができた。あらためて厚くお礼申し上げたい。なかには、2011年3月11日に起きた東日本大震災の直接的、間接的被害に遭われた方々も少なからず含まれている。心からお見舞いを申し上げるとともに、一日でも早い復興をお祈りする次第である。

　2011年8月

　　　　　　　　　　　　　　　　　　日本政策金融公庫総合研究所
　　　　　　　　　　　　　　　　　　　　　副所長　木田　勝也

目　次

序　章　求められる女性の力

1　なぜ女性の力が注目されるのか………………………………… 9
2　女性雇用の理想と現実…………………………………………… 13
3　女性の「眠れる力」を引き出すために………………………… 17

第1章　小企業の女性雇用の実態

1　「企業経営と従業員の雇用に関するアンケート」について… 23
　（1）既存統計の限界
　（2）アンケートの実施要領および用語の定義
　（3）アンケートの構成
　（4）分析のフレームワーク
2　どのような企業に女性従業員が多いのか……………………… 27
　（1）従業者規模別
　（2）業種別
　（3）業歴別
　（4）経営者の性別
　（5）地域別
3　どのような女性が小企業で働いているのか…………………… 35
　（1）個人の属性
　（2）就業状況
　（3）就業ニーズ
4　なぜ小企業が多様な雇用の受け皿となりうるのか…………… 50
　（1）採用や人材評価の柔軟さ

（2）就業ニーズへの対応の柔軟さ
　　（3）経営者と従業員の距離の近さ
　　（4）職場と住居の近さ
　5　従業員の満足度と経営者による評価………………………………… 58
　　（1）従業員自身の満足度
　　（2）経営者の評価
　6　女性雇用における小企業の存在意義………………………………… 65

第2章　小企業で働く女性家族

　1　はじめに……………………………………………………………… 69
　2　どのような小企業で家族が働いているのか……………………… 71
　　（1）企業規模別
　　（2）業種別
　　（3）業歴別
　　（4）経営者の性別・年齢別
　3　家族従業員の属性…………………………………………………… 79
　　（1）性別と年齢
　　（2）経営者との続き柄
　4　家族従業員の働き方………………………………………………… 84
　5　まとめ……………………………………………………………… 86

第3章　女性雇用の効果と残された課題

　1　女性の活躍を促すことの効果……………………………………… 91
　　（1）雰囲気・イメージ
　　（2）人　材
　　（3）生産・販売

2　残された課題と小企業の取り組み……………………………　95
　　（1）仕事と家庭の両立の難しさ
　　（2）代替要員の不足
　　（3）経験・意欲の不足
　　（4）職場環境の整備負担の重さ
　　（5）周囲の理解不足
　3　求められる働きやすい職場づくり……………………………　106

第4章　女性のキャリア移動と小企業

　1　問題の所在………………………………………………………　111
　2　分析の枠組みとデータ…………………………………………　114
　　（1）分析の枠組み
　　（2）従属変数の定義
　　（3）データと統計手法
　3　分　析…………………………………………………………　116
　　（1）若年期女性のキャリア・プロフィール
　　（2）転職・離職・再入職
　　（3）誰が職場を去るのか
　　（4）誰が職場に戻るのか
　4　小企業と女性のキャリア………………………………………　134
　　（1）小企業で働く女性の規模と定着性
　　（2）小企業での勤務経験と再入職
　　（3）小企業の人材採用・育成と満足度
　　（4）小企業の採用と労働市場状況
　　（5）女性のキャリアを通してみえた小企業の課題
　　（6）まとめ

事例編

① 従業者7人の企業に学ぶ育児休業への対処法……………… 145
　　　㈱三友広告社（東京都江戸川区／広告制作業）
② できることを少しずつ重ねて……………………………… 153
　　　来楽暮㈱（山口県和木町／土産物製造業）
③ 子育て中の従業員が自宅で働く…………………………… 161
　　　㈱アルトスター（大阪府大阪市／ウェブ制作業）
④ 「お母ちゃん」たちが拓いた農村の明日………………… 169
　　　㈱産直あぐり（山形県鶴岡市／農産物小売業）
⑤ 職人の世界で働く女性たち………………………………… 177
　　　㈲原田左官工業所（東京都文京区／左官工事業）
⑥ 意欲を引き出し人を育てる………………………………… 185
　　　㈱セレクティー（宮城県仙台市／家庭教師派遣業）
⑦ 奥明日香の自然に家庭料理で華を添える………………… 193
　　　奥明日香さらら（奈良県明日香村／郷土料理店）
⑧ 子育てママの力を社会に発信する………………………… 201
　　　NPO法人マミーズ・ネット
　　　（新潟県上越市／子育て支援サービス提供業）
⑨ 活躍の舞台に経験の壁はいらない………………………… 209
　　　㈱ラポージェ（富山県氷見市／着物仕立業）
⑩ 子育て主婦が輝き続けるために…………………………… 217
　　　㈱コッコト
　　　（埼玉県さいたま市／バックオフィス業務代行業）
⑪ ライフステージで選ぶ等身大の働き方…………………… 225
　　　㈲さいさい（福岡県福岡市／弁当製造小売業）
⑫ 「人に始まり人に終わる」組織改革……………………… 233
　　　㈱カミテ（秋田県小坂町／精密機械部品製造業）
⑬ 全社員が働きやすい会社を目指して……………………… 241
　　　㈱天彦産業（大阪府大阪市／特殊鋼材卸売業）

序　章
求められる女性の力

総合研究所　上席主任研究員
深沼　光

総合研究所　主任研究員
藤井　辰紀

1　なぜ女性の力が注目されるのか

　21世紀に入り、日本は人口減少の時代に突入した。右肩上がりで増え続けた人口は、2004年の1億2,779万人をピークに減りはじめた（図序－1）。国立社会保障・人口問題研究所（2006）の推計によると、2055年の人口は、ピーク時よりも3,000万人近く少ない8,993万人にまで減少するという[1]。

　兆候は、20世紀のうちからあった。1992年には総人口に占める生産年齢人口（15〜64歳）の割合がピークを迎え、94年には高齢化率（65歳以上人口が総人口に占める割合）が14％を超える「高齢社会」となった。このころすでに日本の高齢化は、「世界で例をみない速度」

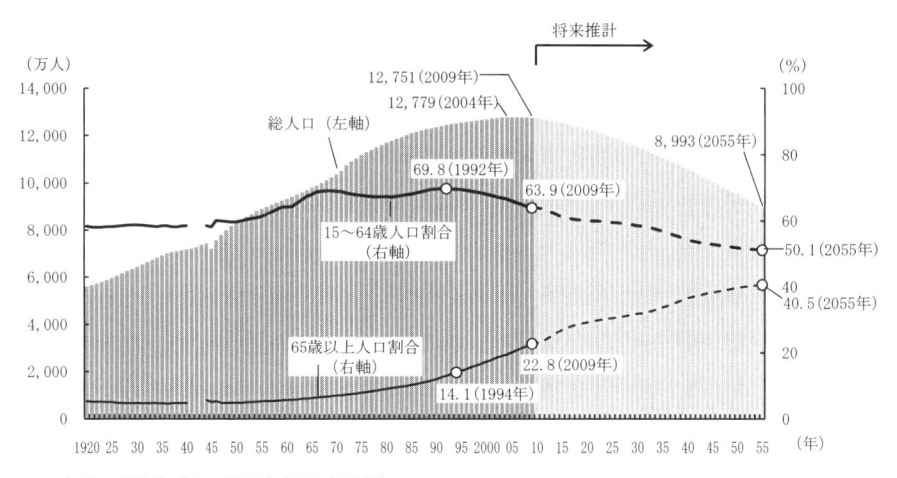

図序－1　総人口と年齢階層別人口割合の推移

資料：総務省「人口推計」（2009年以前）
　　　国立社会保障・人口問題研究所「日本の将来推計人口（2006年12月推計）」（2010年以降）
（注）1　将来推計は、出生中位・死亡中位の仮定に基づくデータ。
　　　2　1941〜43年は、年齢別の推計を行っていない。

1　死亡率、出生率ともに中位と仮定した場合の推計値。

（内閣府、2010b、p.30）で進行していたのである[2]。

　人口の減少、とりわけ現役で働く世代の縮小は、経済の成長力に影を落とす。2002年から2007年にかけて「いざなぎ越え」といわれる戦後最長の景気拡大局面を経たにもかかわらず、長引くデフレの影響も相まって、わが国の名目GDPは90年代初頭からほとんど増えていない。2010年は479兆円で、生産年齢人口の割合が最も高かった92年の481兆円とほぼ同じ水準にとどまる[3]。バブル経済崩壊の後、「失われた」と呼ばれる期間は、「10年」「15年」と延びていき、いつしか「20年」[4]を数えるまでになった。

　この間に、働く女性を取り巻く環境は大きく変わった。86年には男女雇用機会均等法が、92年には育児休業法が、99年には男女共同参画社会基本法が、それぞれ施行された。女性の社会参加に対する意識も変わってきた。全国の20歳以上の男女に尋ねた内閣府「男女共同参画社会に関する世論調査」によると、「夫は外で働き、妻は家庭を守るべきである」という考え方に「賛成」する人の割合は、79年以降一貫して減少し、2002年には「反対」する人の割合を下回った（図序 - 2）。

　こうした法律面での後押しや世論の変化もあり、日本経済において、女性が存在感を増している。まず、労働力の担い手としてである。総務省「労働力調査」によると、労働力人口（15歳以上人口のうち、就業者[5]と完全失業者[6]の合計）に占める女性の割合は、75年の37.3％から30年以上にわたって上昇傾向にあり、2009年には41.9％となっ

2　同書は、日本において高齢化率が「高齢化社会」とされる7％を超えてから「高齢社会」とされる14％に達するまでの所要年数は24年（1970年～94年）で、フランス（115年）、スウェーデン（85年）、イギリス（47年）、ドイツ（40年）などよりも短かったと指摘している。
3　物価の影響を除いた実質GDPは1992年～2010年までの18年間で15.8％増加しているが、その前の18年間（74年～92年）の伸び率（104.9％）に比べるとかなり低い。
4　片岡（2010）など。
5　就業者には、自営業主や家族従業者を含む。
6　完全失業者は、求職活動をしており、仕事があればすぐ就くことができる者。

図序-2 「夫は外で働き、妻は家庭を守るべきである」という考え方についての意見

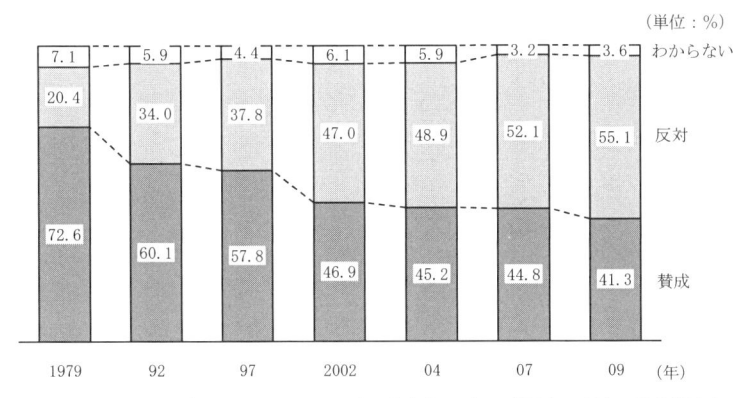

(単位:％)

年	賛成	反対	わからない
1979	72.6	20.4	7.1
92	60.1	34.0	5.9
97	57.8	37.8	4.4
2002	46.9	47.0	6.1
04	45.2	48.9	5.9
07	44.8	52.1	3.2
09	41.3	55.1	3.6

資料:内閣府「男女共同参画社会に関する世論調査」(1979年は「婦人に関する世論調査」、1992年は「男女平等に関する世論調査」)
(注)「賛成」「反対」には、それぞれ「どちらかといえば賛成」「どちらかといえば反対」を含む。

た[7]（図序-3）。労働力人口が減少するなかで、女性が貴重な働き手となっていることを示すデータである。また、人材の多様性（ダイバーシティ）を競争力向上の原動力ととらえ、その多様性の担い手として、女性の活躍を推進しようという企業の動きも出てきている（森沢・木原、2005）[8]。

消費者としての存在感も増している。博報堂生活総合研究所が調査している消費意欲指数（モノを買いたい、サービスを利用したいという欲求の高さを数値化した指標）の推移を男女別にみると、男性は94年の調査開始からほぼ一貫して低下傾向にあるのに対して、女性は2000年以降ほぼ横ばいで推移している（図序-4）。その結果、99年まではほとんどなかった両者の差が、2010年には10ポイントほどにま

---

7 労働力人口に占める女性割合は、70年代半ばまでは低下している。その理由として、経済企画庁（1997）では、産業構造や就業構造における農業のウエートの低下を挙げている。農業に従事する世帯では、女性も就業していることが多いためである。

8 森沢・木原（2005）は、ダイバーシティを実現している企業の例として、プロクター・アンド・ギャンブルや松下電器産業などを挙げている。

図序－3　労働力人口に占める女性割合の推移

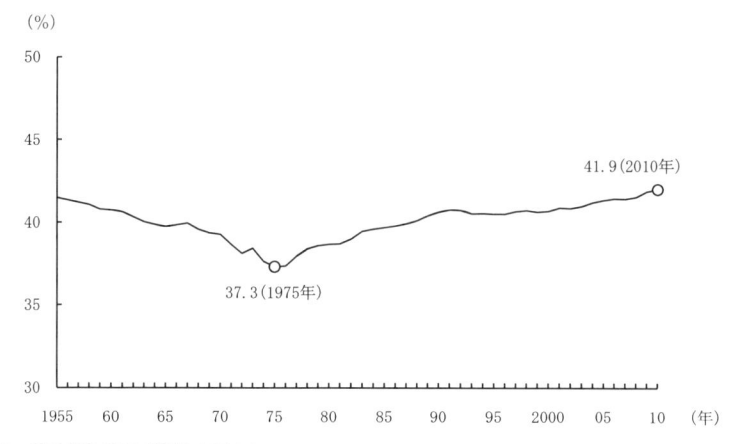

(%)

41.9(2010年)
37.3(1975年)

資料：総務省統計局「労働力調査」
(注)　労働力人口は、15歳以上の人口のうち、「就業者」と「完全失業者」を合わせたもの。
　　　なお、労働力調査における主な用語の位置づけは、以下のとおり。

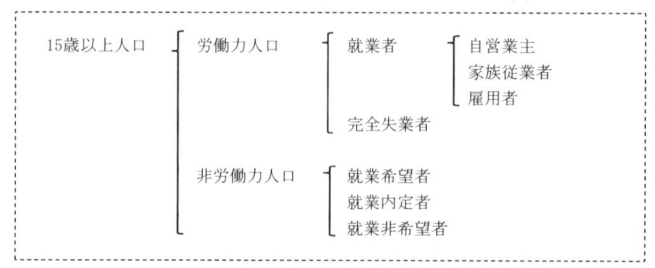

```
15歳以上人口 ┬ 労働力人口 ┬ 就業者 ┬ 自営業主
             │            │        ├ 家族従業者
             │            │        └ 雇用者
             │            └ 完全失業者
             └ 非労働力人口 ┬ 就業希望者
                            ├ 就業内定者
                            └ 就業非希望者
```

で広がった。また、2009年の総務省「全国消費実態調査」によれば、30歳未満の単身勤労者世帯では、比較可能な69年以降で初めて、女性の1カ月当たりの可処分所得が21万8,156円と、男性の21万5,515円を上回った。男性に比べて消費意欲が高いうえ、経済的に自立した女性が増えたことで、消費動向に与える影響力はより一層高まっている。「山ガール」（ファッショナブルな洋服を身につけて山に登る若い女性）、「カメラ女子」（一眼レフカメラを持ち歩き、写真撮影を楽しむ女性）、「鉄子」（電車好きの女性）など、女性の参加者が増えたことで、改めて注目を集めるようになった市場は枚挙にいとまがない。

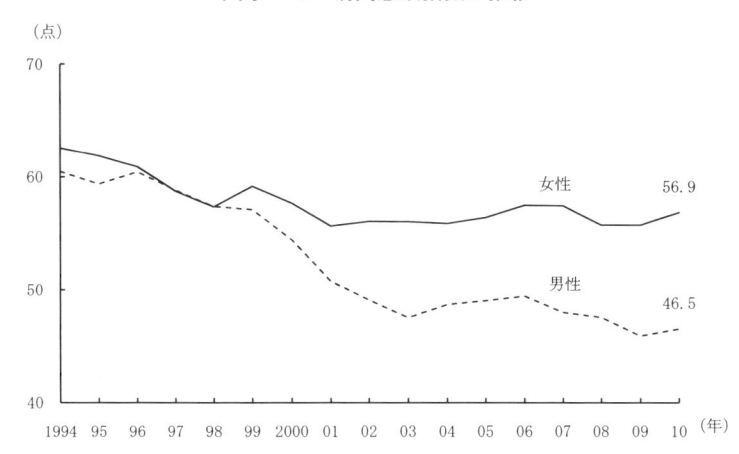

図序－4　消費意欲指数の推移

資料：博報堂生活総合研究所ホームページ
(注)1　消費意欲指数は、独自の調査パネル「生活発見パートナーズ」の対象者に、「消費意欲（モノを買いたい、サービスを利用したいという欲求）が最高に高まった状態を100点とすると、来月の消費意欲は何点ぐらいだと思うか」を尋ねたもの。
　　2　年平均のデータ。

　このように女性は、縮小していく「雇用」と「消費」という二つの市場を再活性化するための鍵を握る存在なのである。

2　女性雇用の理想と現実

　だが、女性の活躍の場を広げようとするとき、乗り越えるべき大きな課題がある。女性の労働力率（各年齢階級における総人口に占める労働力人口の割合）を年齢階層別にみたときに現れる、「谷」である（図序－5）。
　このグラフは、その形状から「M字カーブ」と呼ばれる。台形のような形を描く男性とは異なる、女性特有の現象だ。形が男女で異なる理由は、女性の労働力が一時的に落ち込む年齢をみれば、およそ想像がつくだろう。結婚や出産である。2007年の「就業構造基本調査」

図序－5　年齢階級別労働力率

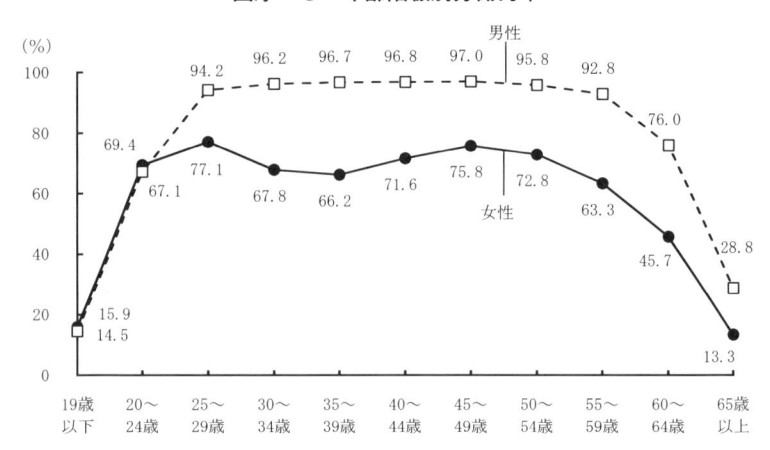

（資料：総務省「労働力調査」（2010年）
（注）労働力率は、各年齢階級における総人口に占める、労働力人口（就業者＋完全失業者）の割合。

によると、25～39歳の無職の女性が前職を辞めた理由は、第1位が「育児のため」（35.5％）、第2位が「結婚のため」（20.6％）であり、この二つで過半を占める[9]。

　M字カーブが描き出す「谷」は、少なくとも二つの面で機会損失を生む。

　一つは、社会における損失である。内閣府（2010a）では、現状の労働力率に就業希望者[10]の割合を加えた「潜在的労働力率」について、仮に2009年時点でM字カーブが解消された場合に労働力人口がどの程度増えるかを試算している[11]。この試算によると、445万人の押し上げ効果があるという。言い換えれば、M字カーブの存在によって、

---

[9] 同じ条件の男性の退職理由のうち、「育児のため」は0.3％、「結婚のため」は0.2％にすぎない。
[10] 就業希望者は、非労働力人口のうち、仕事に就きたいと思っている者。他の用語との関係については、図序－3（注）参照。
[11] 「M字カーブ解消の場合」は、30～34歳、35～39歳、40～44歳の労働力率を25～29歳と同じ水準だったと仮定したもの。

日本経済はそれだけの労働力を失っていることになる。そして、この数字が積み上がる裏では、それだけ貴重な戦力を失っている企業がある。多大なコストをかけて採用し育成した人材が、これから活躍しようかという時期に辞めてしまうことによる痛手は、企業にとって決して小さくないはずだ。

　もう一つの機会損失は、女性自身における損失である。まず想像がつくのは、働き続けていれば得られたであろう収入が、退職によって途絶えてしまうことだ。だが、それだけではないところに、問題の根の深さがある。キャリアの中断が、その後の働き方の理想と現実の間に大きなギャップを生み出すことにつながるからである。

　内閣府が30歳代と40歳代の女性に対して行った「女性のライフプランニング支援に関する調査」（2007年）からは、女性の理想の働き方がライフステージによって大きく変化することが読み取れる（図序-6）。「未婚」あるいは「既婚・子どもなし」のうちは「フルタイム」で勤務し、「子どもが3歳以下」と手がかかるうちは勤めをいったん辞める。「子どもが4～5歳」となったら「短時間勤務」や「家でできる仕事」に再就業し、「子どもが12歳以上」となったら再び「フルタイム」へと戻る。これが、多数派の回答から浮かんでくる、いわば「典型的な理想の働き方」である。

　だが、「現実の働き方」はそうはいかない。まず、どのライフステージにおいても、「働いていない」人の割合は「働きたくない」人の割合を上回っている。その裏には、働きたくても希望に合った職場がみつからない、企業側の求める人材像にマッチしないといった、ミスマッチの存在が透けてみえる。さらにいえば、「正社員」の割合は、出産後に落ち込み、そのまま低迷している。M字カーブの「谷」の後に「フルタイム」を希望する人が増加しているにもかかわらず、実際に就業者の割合を押し上げているのは「パート・アルバイト等」だ。つまり、女性がいったんキャリアを中断すると、再び正社員に戻るの

図序－6　ライフステージ別にみた女性の働き方の理想と現実

(単位：%)
(n=3,100)

ライフステージ	理想の働き方				現実の働き方			
	働きたくない	家でできる仕事	短時間勤務	フルタイム	正社員	パート・アルバイト等	自営・家族従業・在宅ワーク・内職等	働いていない
未婚	1.7	1.3		95.4	43.4	34.2	11.0	11.3
既婚・子どもなし	2.6	1.6	6.4	88.2	17.9	29.7	8.9	43.5
既婚・子どもが3歳以下	2.8	57.6	22.7	12.8	10.3	10.4	4.3	74.9
既婚・子どもが4〜5歳	27.7	26.5	33.5	12.3	8.7	21.0	7.7	62.6
既婚・子どもが6〜11歳	9.4	13.8	48.2	28.6	6.6	29.2	8.3	55.9
既婚・子どもが12歳以上	4.9	25.8	63.3	6.0	8.5	38.6	7.6	45.3

資料：内閣府「女性のライフプランニング支援に関する調査」(2007年)
(注) 1　調査対象は、30〜40歳代の女性。勤務者のほか、自営業者や無職の人も含む。
　　 2　理想の働き方とは、回答者全員に対して、それぞれのライフステージではどのような働き方が理想かを尋ねたもの。

は難しいのが現状なのである[12]。

　こうしたデメリットを考慮したうえでなおそうした道を選んでいるのだから、やはりＭ字カーブの解消は難しい、とみる向きもあるかもしれない。しかし、もし就業ニーズの変化にもう少し柔軟に対応できる企業が多かったら、女性はキャリアの継続を選んでいたかもしれないのだ。内閣府（2010a）によると、「米国、ドイツ、スウェーデンでは、年齢階級別労働力率にＭ字のくぼみは見られない」(p.7)という。そう考えると、この「谷」は、決して越えられない存在ではない。

---

[12] 内閣府（2006）でも、「再就業活動時に正社員を希望していた女性が実際に就業している形態をみると、希望どおり正社員となっているのは約半数にとどまり、約3割はパート、アルバイトでの就業となっている」(p.21)とのデータを引いて、「女性にとって、正社員での再就職が厳しいものである」(p.23)と指摘している。

3　女性の「眠れる力」を引き出すために

　では、どうすれば、この「谷」を越えることができるのか。

　女性がキャリアを中断するに至る主な理由が結婚や出産である以上、家族の協力が不可欠であることは、言うまでもない。「夫は外で働き、妻は家庭を守るべきである」という固定観念が薄れつつあることは、前掲図序－2で示したとおりである。また、「イクメン」[13]が2010年の新語・流行語大賞[14]でトップテンに選ばれたように、育児に協力的な男性への注目度も近年高まってきている。

　一方で、企業の側にも、女性が働きやすい環境の整備が求められる。実際、すでに大企業を中心に取り組みは始まっている。例えば、育児休業制度の規定整備率は、常用労働者500人以上企業では、99％を超えている（図序－7）。次世代育成支援対策推進法に基づく、仕事と育児の両立に関する「一般事業主行動計画」[15]の届出率は、常時雇用労働者301人以上の企業では、93.6％（2010年12月末現在、厚生労働省調べ）に達している。また、官公庁のホームページや新聞などでも、事業所内保育所を開設したり、いったん退職した従業員の職場復帰を支援する制度を設けたりといった大企業の取り組み事例が、たびたび紹介されている[16]。

　ただ、「女性が働きやすい環境の整備」イコール「目にみえる取り組み」というわけではない。それは、小企業の現状をみればわかる。

13　「子育てを楽しむオトコたち」（自由国民社ホームページ「現代用語の基礎知識選／ユーキャン新語・流行語大賞全授賞記録」）、「子育てを楽しみ、自分自身も成長する男」（厚生労働省ホームページ）。

14　「現代用語の基礎知識選／ユーキャン新語・流行語大賞」

15　常時雇用労働者101人以上の企業（2011年4月1日より前は同301人以上の企業）では策定および届出の義務があり、同100人以下の企業ではこれを努力義務としている。

16　厚生労働省「均等・両立推進企業表彰受賞企業一覧」、内閣府「仕事と生活の調和に関する取組事例」など。

図序－7　育児休業制度の規定率（常用労働者規模別）の推移

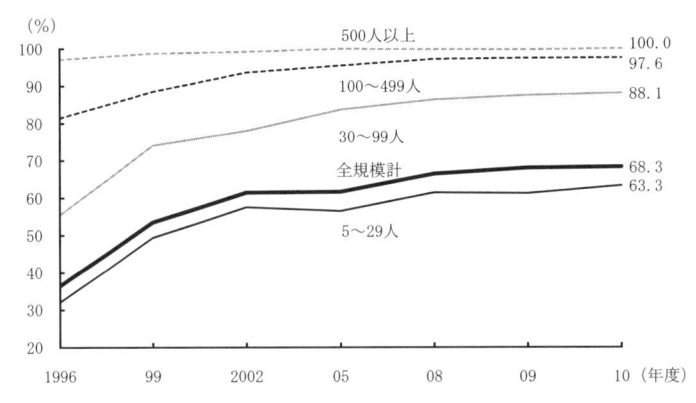

資料：厚生労働省「雇用均等基本調査」（2005年度までは「女性雇用管理基本調査」）
(注)　常用労働者には、パート・アルバイトを含み、経営者は含まない。

　育児休業制度の規定整備率などは、規模が小さい企業ほど低い。5～29人の企業でみると、育児休業制度の規定整備率は63.3％と、500人以上の大企業の水準を大幅に下回っている[17]。にもかかわらず、従業員に占める女性の割合は、規模が小さい企業のほうが高い[18]（図序－8）。数字でみる限り、小企業は多くの女性の活躍の場となってきたともいえよう。

　こうして考えてみると、小企業にまつわるいくつかの疑問が浮かんでくる。どのような女性が小企業で働いているのか。小企業は女性のどのような就業ニーズに応えてきたのか。女性は小企業で働くことに対して、また経営者は女性を雇用することについて、どう思っているのか。女性の活躍が企業経営にもたらす効果や、女性の活躍を阻害す

17　ちなみに、仕事と育児の両立についての「一般事業主行動計画」の届出率をみても、常時雇用労働者101人以上300人以下の企業では、15.2％にとどまっている（2010年12月末現在、厚生労働省調べ）。なお、同100人以下の企業については、届出率のデータは公表されていない。

18　ただし、このデータには、家族従業員が一部含まれていることに注意が必要である。詳細は、第1章第1節を参照されたい。

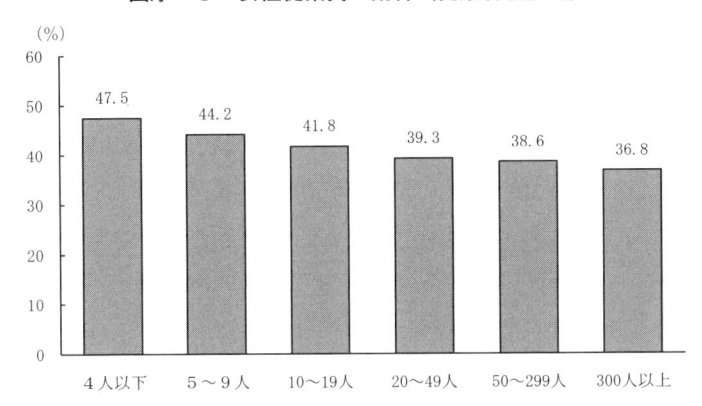

図序－8　女性従業員の割合（従業者規模別）

(%)

4人以下	5～9人	10～19人	20～49人	50～299人	300人以上
47.5	44.2	41.8	39.3	38.6	36.8

資料：総務省「就業構造基本調査」（2007年）
(注)　雇用者に占める女性の割合。家族従業者（自営業主の家族で、原則として無給で事業に従事している者）を除き、法人の経営者を含む。

る要因にはどのようなものがあるのか。こうした問題意識のもと、日本政策金融公庫総合研究所は、「小企業の女性雇用に関する実態調査」を実施した。調査は、当公庫の融資先を対象とするアンケートと、企業経営者へのヒアリング[19]から成る。第1章では、「企業経営と従業員の雇用に関するアンケート」結果の分析をもとに、小企業における女性雇用の実態を明らかにしていくことにする。

〈参考文献〉
片岡剛士（2010）『日本の「失われた20年」』藤原書店
経済企画庁（1997）『1997年版国民生活白書』大蔵省印刷局
国立社会保障・人口問題研究所（2006）「日本の将来推計人口（2006年12月推計）」国立社会保障・人口問題研究所ホームページ
内閣府（2006）『2006年版男女共同参画白書』国立印刷局
―――（2010a）『2010年版男女共同参画白書』中和印刷
―――（2010b）『2010年版高齢社会白書』佐伯印刷
森沢徹・木原裕子（2005）「経営戦略としてのダイバーシティマネジメント」『知的資産創造』（2005年9月号）、野村総合研究所、pp.70-83

19　ヒアリングは、2010年4月から2011年2月にかけ、27社に対して行った。そのうち13社を、事例編で紹介している。

第1章
小企業の女性雇用の実態

総合研究所　上席主任研究員
深沼　光

総合研究所　主任研究員
藤井　辰紀

1 「企業経営と従業員の雇用に関するアンケート」について

(1) 既存統計の限界

　雇用に関する統計は、厚生労働省や総務省など官庁からも多数公表されている。しかし、小企業で働く人たちの実態を把握するには、データの制約があるものも少なくない。

　第1に、「常用労働者[1]10人以上」や「常用労働者30人以上」といったように、調査対象となる企業の規模に下限を設けている統計が多い[2]。小企業は、企業数の割に従業者数が少ない[3]ため、調査の効率性の観点から除外されてしまうのだろう。

　第2に、経営者の扱いが、個人企業と法人企業で異なるケースがある。総務省の「就業構造基本調査」や「労働力調査」では、個人企業の経営者は自営業主として従業員と区別してあるが、法人企業の経営者は従業員に含まれている。大企業であれば、数百人、あるいは数千人の従業員のなかに経営者1人が含まれていたとしても、データへの影響はほとんどない。しかし、数人しか従業員がいない小企業では、経営者を含むか否かで、数値やそれに対する解釈が大きく変わってくる可能性がある。しかも、所有と経営が明確に分離されていることの少ない小企業では、経営者と従業員の働き方の違いは、よりはっきりとしていると思われる。だとすれば、従業員について分析するのであれば、個人企業でも法人企業でも、経営者を除いておくほうが望ま

1　パート、アルバイトを含み、経営者は含まない。
2　厚生労働省「雇用均等基本調査」は常用労働者10人以上、厚生労働省「就労条件総合調査」は常用労働者30人以上。
3　『2010年版中小企業白書』によると、常用雇用者20人以下（卸売業、小売業、飲食店、サービス業は5人以下）の小規模企業（民営、非一次産業）が全体に占める割合は、企業数で87.0％、常用雇用者数で17.1％となっている。

しい。

　第３に、家族従業員[4]と家族以外の従業員の分類が、企業の形態によって異なる。官庁統計では、個人経営の場合は、家族従業員を他の従業員と区別していることが多い。しかし法人経営の場合は、経営者の家族であっても、家族従業員ではなく、単に従業員として分類されるのが一般的である。小企業のなかには、法人の形態をとるものも少なくない[5]。個人経営でも法人経営でも、規模が同じであれば、経営者の家族の働き方は同じと考えるのが自然であろう。家族以外の従業員の働き方をとらえる場合には、企業形態に関わらず、家族従業員は除いて考えるべきである。

　第４に、従業者規模を測る場合には、通常は間接雇用となる派遣社員は含まれない。例えば、常時20人の派遣社員を雇っていても、直接雇用している従業者が２人ならば、統計上では従業者規模は２人に区分されてしまう。だが、働く場所として考えた場合、合わせて22人が働く企業と２人が働く企業を同じ規模として比較するのは、無理があるかもしれない。雇用形態はどうであれ、22人が働く職場であることに変わりはないからだ。

(2) アンケートの実施要領および用語の定義

　既存統計のこうした制約をカバーし、小企業における女性雇用の実態を明らかにするべく、日本政策金融公庫総合研究所では、2010年８月に「企業経営と従業員の雇用に関するアンケート」を実施した。実施要領は表１－１のとおりである[6]。

4　本書では後述のとおり、従業者を、「経営者」「家族従業員」「（家族以外の）従業員」に分けた。家族従業員は、同一家計にある家族のうち当該事業に従事する人とし、家族の範囲は明示していない。なお、家族従業員については、第２章で詳述する。
5　本章で分析対象としたアンケートのデータでは、法人経営77.3％、個人経営22.7％であった。
6　日本政策金融公庫の支店がない沖縄県は、調査対象には含まれない。

第1章　小企業の女性雇用の実態

表1-1　「企業経営と従業員の雇用に関するアンケート」調査の実施要領

(1) 調 査 時 点	2010年8月
(2) 調 査 対 象	日本政策金融公庫国民生活事業が2009年11月に融資した企業のうち、融資時点で開業後1年以上経過していた企業1万4,000社
(3) 調 査 方 法	調査票の送付・回収ともに郵送、アンケートは無記名
(4) 有 効 回 答 数	4,003社（回収率28.6％）

表1-2　用語の定義

従業者 ┌ 経営者 ……………… 個人事業主および法人代表者
　　　　├ 家族従業員 ………… 経営者と生計を同一にする家族のうち当該事業に従事する人。常勤役員を務める家族を含む
　　　　└ 従業員 ┌ 正社員 …… 雇用期間を定めず常勤で勤務する人、常勤役員を含む
　　　　　　　　　└ 非正社員 … パート・アルバイト、契約社員、派遣社員など

従業者規模 …… 経営者、家族従業員、従業員を合わせた従業者の人数

（注）　総務省「就業構造基本調査」「労働力調査」などでは、従業者規模の算出に当たって、間接雇用となる派遣社員などは含まない。

　調査対象である日本政策金融公庫国民生活事業の融資先は、従業者19人以下の企業が大半[7]であることから、小企業の実態を明らかにするうえで適したサンプルであるといえる。また、前項の問題意識を踏まえ、法人企業、個人企業を問わず、経営者と家族従業員を他の従業員と分けてとらえることにした。さらに、派遣社員は非正社員に含めた。用語の定義は、表1-2のとおりである。

(3) アンケートの構成

　アンケートには、企業や経営者の属性に加え、性別、年齢、職種といったカテゴリー別の人数など従業員に関するさまざまな設問を設けた。また、給与額や働きぶりに対する経営者の評価など一部の項目は、

---

[7]　2009年度に融資を実行した企業のうち、従業者「4人以下」は64.8％、「5～9人」は21.4％、「10～19人」は9.1％、「20人以上」は4.7％であった。

一人ひとりの従業員についても回答を得た。ただし、記入の負担を考慮し、「正社員男性」「正社員女性」「非正社員男性」「非正社員女性」それぞれの、「勤務年数が最も長い人」と「勤務年数が最も短い人」という基準を用いて、1企業につき最大8人を抽出してもらった[8]。

なお、以下の図表では、「企業」に関する設問と「従業員」に関する設問のどちらを集計したものかを明確にするために、各集計結果の回答数（サンプルサイズ）を以下のとおり区分して表記している。

「企業」について集計……（N＝〇〇〇）

「従業員」について集計…（n＝〇〇〇）

(4) 分析のフレームワーク

今回のアンケートの対象先には、「経営者1人だけの企業」や「経営者と家族従業員だけの企業」も含んでいるが、純粋な意味で従業員の雇用状況を把握するため、本章では、「家族以外を雇用している企業」（2,909社）に絞って分析を進める（図1－1）。また、従業員については、この2,909社に従事する3万600人の従業者のうち、経営者や家族従業員を除く、正社員（1万6,154人）と非正社員（8,704人）の計2万4,858人を分析の対象とした。なお、小企業の特徴の一つでもある家族従業員については、第2章で詳述することにする。

分析対象となる企業および従業員の属性は、図1－2、図1－3のとおりである。従業者数が20人未満の企業が9割近くを占め、平均従業者数は10.5人[9]となった。本調査では、小企業について明確な定義づけは行わず、これらアンケート回答企業を小企業とみなすことにする[10]。

8　個別の従業員についての設問も含め、すべて経営者による回答を依頼した。
9　中央値は7人、最大値は136人である。
10　中小企業基本法で定める「小規模企業者」の定義（おおむね常時使用する従業員の数が20人以下。ただし、卸売業、小売業、飲食店、サービス業については5人以下）とは異なる点に留意されたい。なお、日本政策金融公庫総合研究所「全国中小企業動向調査」では、従業者数20人未満の企業を小企業と定義づけしている。

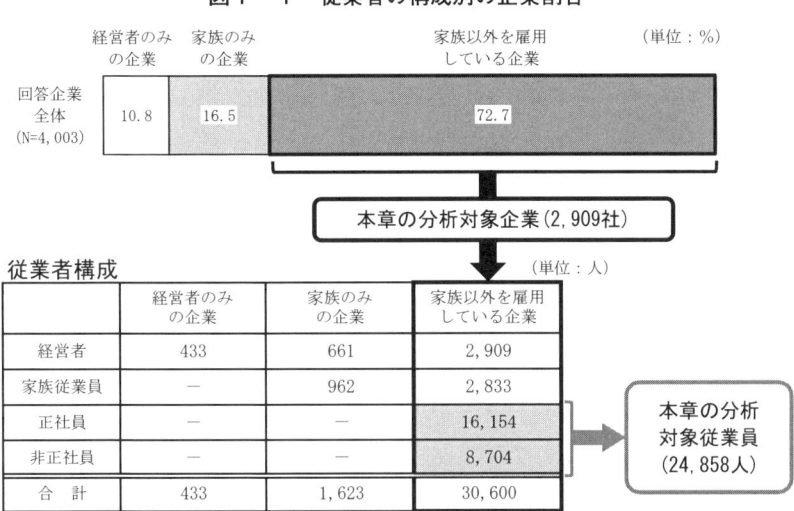

図1-1 従業者の構成別の企業割合

	経営者のみの企業	家族のみの企業	家族以外を雇用している企業
回答企業全体(N=4,003)	10.8	16.5	72.7

(単位：％)

本章の分析対象企業（2,909社）

従業者構成

(単位：人)

	経営者のみの企業	家族のみの企業	家族以外を雇用している企業
経営者	433	661	2,909
家族従業員	－	962	2,833
正社員	－	－	16,154
非正社員	－	－	8,704
合　計	433	1,623	30,600

本章の分析対象従業員（24,858人）

資料：日本政策金融公庫総合研究所「企業経営と従業員の雇用に関するアンケート」（2010年）
（以下断りのない限り同じ）
(注) 経営者の数は、1人とみなした。

　アンケートの分析に当たっては、小企業ならではの特性を明らかにするため、可能な限り、官庁統計などの既存調査における中小企業および大企業のデータとの比較も行っている。ただし、参照する調査によって従業者規模の区分はまちまちであるため、中小企業や大企業の定義は分析項目によって異なるケースがある点に注意を要する[11]。

2　どのような企業に女性従業員が多いのか

　それでは、はじめに、どのような属性の企業に女性の従業員が多いのか、アンケート結果により確認していくことにする。

11　それぞれの定義については、図の注釈に記載した。

図1-2 分析対象企業の概要

(1) 経営者の性別 (単位:％)
- 女性 7.6
- 男性 92.4

(N=2,909)

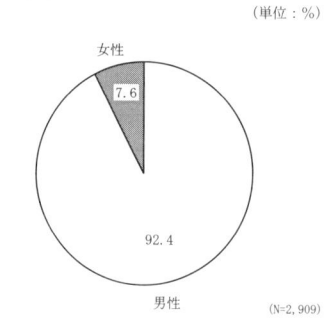

(2) 経営者の年齢 (単位:％)
- 34歳以下 1.5
- 35～44歳 11.6
- 45～54歳 22.6
- 55～64歳 38.9
- 65歳以上 25.4

平　均：57.5歳
中央値：59.0歳

(N=2,909)

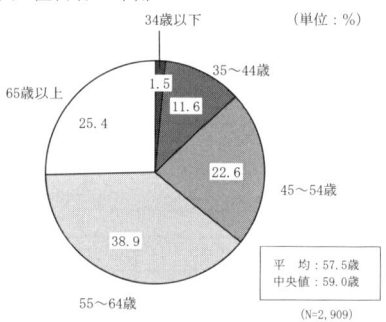

(3) 従業者数 (単位:％)
- 4人以下 28.2
- 5～9人 38.1
- 10～19人 21.9
- 20～49人 10.0
- 50人以上 1.9

平　均：10.5人
中央値：7.0人

(N=2,909)

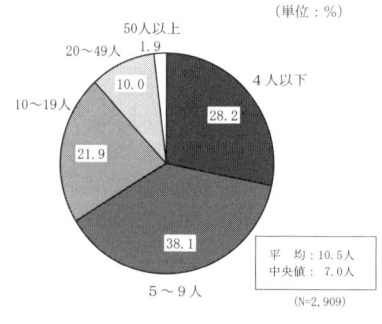

(3) 業　種 (単位:％)
- 製造業 12.7
- 卸売業 11.5
- 小売業 16.6
- 飲食店、宿泊業 6.0
- 個人向けサービス業 3.9
- 事業所向けサービス業 13.3
- 情報通信業 3.3
- 医療、福祉 3.7
- 教育、学習支援業 0.8
- 不動産業 3.3
- 建設業 19.5
- 運輸業 3.5
- その他 1.8

(N=2,909)

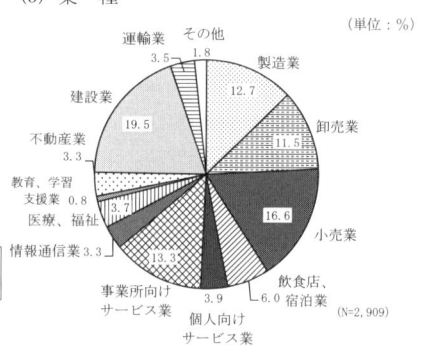

図1-3 分析対象従業員の性別

(1) 正社員 (単位:％)
- 女性 25.6
- 男性 74.4

(n=16,154)

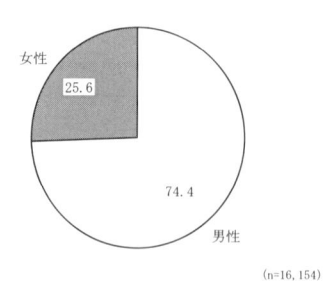

(2) 非正社員 (単位:％)
- 男性 39.7
- 女性 60.3

(n=8,704)

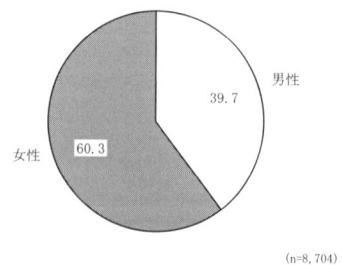

(1) 従業者規模別

　まずは、従業者規模による違いをみてみよう。序章の図序 − 8 では、規模が小さい企業ほど女性従業員の占める割合が高いという統計データを示した。ただし、ここでいう従業員には、家族従業員が含まれている。規模が小さいほど従業者に占める家族従業員のウエートが高く、かつ家族従業員は男性よりも女性のほうが多いため、こうした結果になっているのかもしれない[12]。では、家族を除いた従業員でみると、どうなるのだろうか。

　正社員と非正社員を合わせた従業員全体に占める女性の割合は、小企業全体では37.7％となった（図1 − 4（1））。従業者規模別では、「4人以下」で46.8％とやや高いのを除くと、5人以上の規模層ではアンケート、統計データのいずれも30％台後半で、企業規模による大きな差はみられない[13]。規模が小さい企業ほど女性割合が高いとまでは明確にはいえないものの、中小企業や大企業の女性割合と遜色ない水準であるとはいえそうだ。

　次に、正社員と非正社員に分けてみてみよう。正社員に占める女性の割合は25.6％と、非正社員の60.3％の半分以下の水準にとどまる（図1 − 4（2））。ただ、「4人以下」では33.4％、「5〜9人」では26.2％となるなど、規模が小さい企業ほど正社員における女性のウエートは高くなるようだ。一方、非正社員では企業規模による明確な傾向はみられない。

　ちなみに、企業ごとに女性割合を算出し、その分布を従業者規模別にみてみたのが図1 − 5 である。両端の女性割合「0％」（女性従業

12　データについては第2章で詳述する。
13　家族従業員を含めた女性割合は、「4人以下」で61.1％、「5〜9人」で43.0％など、規模が小さい企業ほど高くなっており、官庁統計と同様の傾向を示している。詳細は、第2章で紹介する。

図1−4　女性従業員の割合（従業者規模別）

（1）　正社員・非正社員計

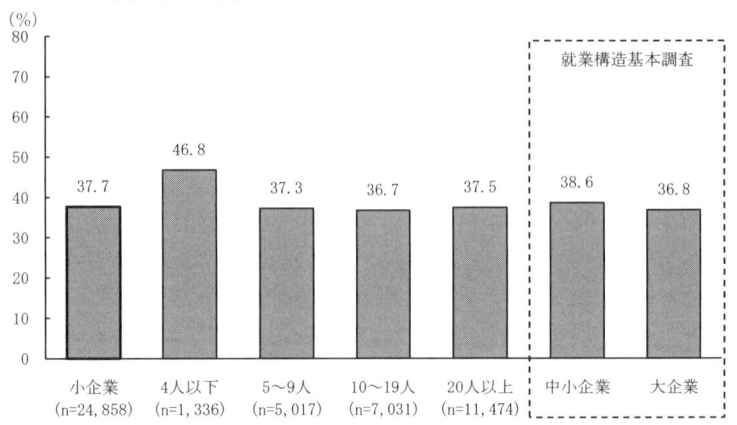

(%)

区分	割合
小企業 (n=24,858)	37.7
4人以下 (n=1,336)	46.8
5〜9人 (n=5,017)	37.3
10〜19人 (n=7,031)	36.7
20人以上 (n=11,474)	37.5
中小企業	38.6
大企業	36.8

就業構造基本調査（中小企業・大企業）

（2）　正社員・非正社員別

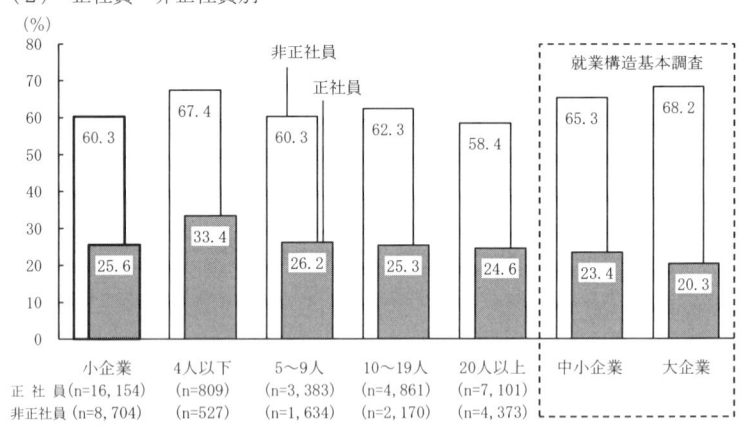

(%)

区分	非正社員	正社員
小企業（正社員 n=16,154／非正社員 n=8,704）	60.3	25.6
4人以下（n=809／n=527）	67.4	33.4
5〜9人（n=3,383／n=1,634）	60.3	26.2
10〜19人（n=4,861／n=2,170）	62.3	25.3
20人以上（n=7,101／n=4,373）	58.4	24.6
中小企業	65.3	23.4
大企業	68.2	20.3

就業構造基本調査（中小企業・大企業）

資料：日本政策金融公庫総合研究所「企業経営と従業員の雇用に関するアンケート」（2010年）（小企業）
　　　総務省「就業構造基本調査」（2007年）（中小企業・大企業）
（注）1　中小企業は従業者「50〜299人」、大企業は従業者「300人以上」。
　　　2　中小企業および大企業の正社員には法人の経営者および役員を含む。

員が1人もいない企業）と「75％超」（女性従業員が全従業員の75％超の企業）の部分はいずれも、規模が小さい企業ほど高いウエートを占める傾向にある。分母である従業員数が少なくなるのである意味当

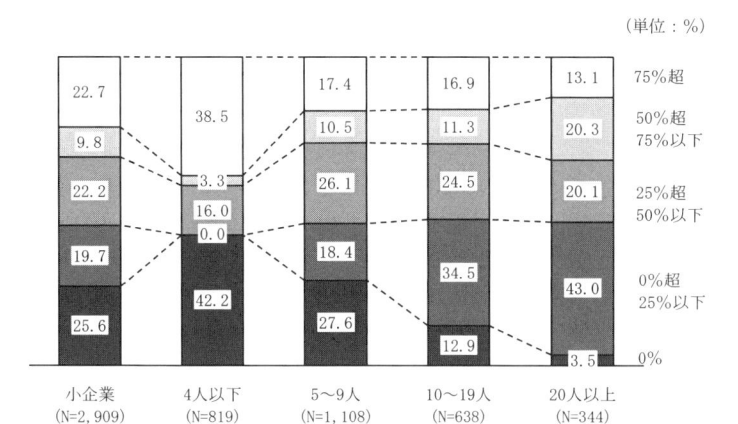

図1-5　女性従業員の割合の分布（従業者規模別）

(単位：％)

	小企業 (N=2,909)	4人以下 (N=819)	5～9人 (N=1,108)	10～19人 (N=638)	20人以上 (N=344)	
75%超	22.7	38.5	17.4	16.9	13.1	
50%超 75%以下	9.8	3.3	10.5	11.3	20.3	
25%超 50%以下	22.2	16.0	26.1	24.5	20.1	
0%超 25%以下	19.7	0.0	18.4	34.5	43.0	
0%	25.6	42.2	27.6	12.9	3.5	

然ではあるが、規模が小さくなるほど、従業員が男性だけ、女性だけといった企業が多くなるということはできるだろう。

(2) 業種別

業種別に女性従業員の割合をみると、「医療、福祉」（80.9％）、「教育、学習支援業」（77.6％）、「飲食店、宿泊業」（60.8％）、「個人向けサービス業」（60.5％）、「小売業」（55.5％）の5業種で50％を超えている（図1-6）。一般消費者を主な顧客とする業種で、女性を多く雇用する傾向にあるようだ。

一方、「運輸業[14]」（8.3％）、「建設業」（11.8％）、「情報通信業」（26.5％）、「卸売業」（33.1％）、「事業所向けサービス業」（33.3％）といった、主に事業所を顧客とする業種では、女性従業員の割合が低くなる傾向がある。運輸業におけるドライバーや、建設業における現場作業員など、深夜労働や力仕事のある職種に女性は就きにくいことが、要因の一つといえる。運輸業や建設業以外にも、それまでの慣行

---

[14] 「運輸業」103件中、道路旅客運送業（主にタクシー）は17件で、残りは道路貨物運送業や倉庫業など、事業所向けである。

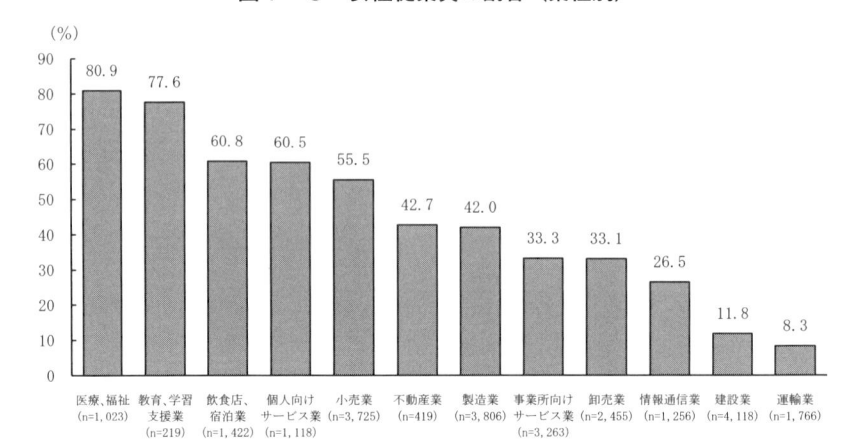

図1－6　女性従業員の割合（業種別）

(%)

業種	割合
医療, 福祉 (n=1,023)	80.9
教育, 学習支援業 (n=219)	77.6
飲食店, 宿泊業 (n=1,422)	60.8
個人向けサービス業 (n=1,118)	60.5
小売業 (n=3,725)	55.5
不動産業 (n=419)	42.7
製造業 (n=3,806)	42.0
事業所向けサービス業 (n=3,263)	33.3
卸売業 (n=2,455)	33.1
情報通信業 (n=1,256)	26.5
建設業 (n=4,118)	11.8
運輸業 (n=1,766)	8.3

（注）「その他」（47.0％）は記載を省略。

で男性中心の職場になっている分野があることは否定できないだろう[15]。

(3) 業歴別

　業歴別の女性従業員の割合は、「4年以下」で41.0％、「5～9年」で47.3％、「10～19年」で39.9％、「20～29年」で37.7％、「30年以上」で34.6％となった（図1－7）。傾向は明確ではないが、業歴が長い企業で、女性従業員の割合はやや低くなっているようだ。

　業歴が長くなると従業員数が増え、女性従業員割合が相対的に高かった従業者「4人以下」のウエートが下がることも、この一因と考えられる。

(4) 経営者の性別

　経営者の性別に女性従業員の割合をみると、経営者が女性の場合は

15　職種については、本章第3節で詳述する。

第1章　小企業の女性雇用の実態

図1-7　女性従業員の割合（業歴別）

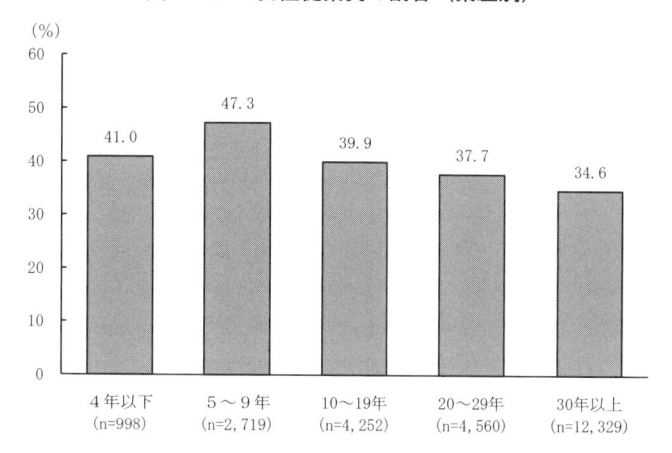

(%)
- 4年以下 (n=998): 41.0
- 5～9年 (n=2,719): 47.3
- 10～19年 (n=4,252): 39.9
- 20～29年 (n=4,560): 37.7
- 30年以上 (n=12,329): 34.6

図1-8　女性従業員の割合（経営者の性別）

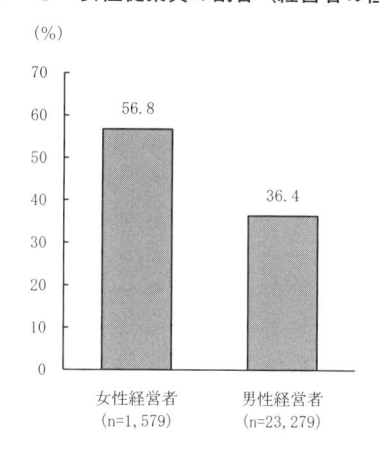

(%)
- 女性経営者 (n=1,579): 56.8
- 男性経営者 (n=23,279): 36.4

56.8％と、男性の場合の36.4％を大きく上回っている（図1-8）。そもそも女性従業員が多い業種の企業では、経営者も女性であるケースが多い[16]。しかし、同じ業種で比較しても、経営者が女性の企業のほ

---

[16] 女性経営者の割合が相対的に高い業種は「個人向けサービス業」(23.9％)、「飲食店、宿泊業」(22.4％)、「教育、学習支援業」(21.7％)など、低い業種は「建設業」(2.3％)、「製造業」(2.7％)、「卸売業」(3.6％)などである。

うが、女性従業員の割合が高い傾向がみられるのである[17]。

　これは、女性同士のほうが、互いの長所や就業ニーズを理解しやすい面があることを示しているのかもしれない。仮にそうだとすれば、経営者にとっては従業員の長所を活かした起用に、また従業員にとっては自身の能力のさらなる発揮にそれぞれつながることから、双方にとってメリットは大きい。

　女性経営者のなかには、かつて就業に苦労した自身の経験から、似たような境遇にある女性に、雇用の場を提供しようという思いを抱く人も少なくないと考えられる。㈱コッコト（埼玉県、バックオフィス業務代行業、従業者16人、事例編⑩）の宮本直美社長も、「子育て仲間たちの社会復帰への足がかりとなる場をつくりたいとの思いが、起業のきっかけになった」と語っている。

(5) 地域別

　地域別に女性従業員の割合をみると、北海道が41.2％で最も高く、北陸（40.1％）、近畿（39.1％）と続く（図1－9）。一方、北関東・信越（33.2％）や東北（36.2％）、東京・南関東（38.0％）は女性従業員の割合が低い。多少のずれはあるものの、生産年齢人口に占める女性割合[18]が高い地域では、小企業における女性従業員の割合も高まる傾向にあるようだ[19]。なお、事業の本拠地がある市町村の人口規模と女性従業員の割合には、明確な傾向はみられなかった[20]。

17　図1－6の12業種中、「医療、福祉」「教育、学習支援業」「運輸業」を除く9業種でこの傾向が認められた。
18　データは総務省「人口推計」（2009年）による。
19　地域別にみた小企業における女性従業員割合と生産年齢人口に占める女性割合の相関係数は、0.54である。
20　女性従業員の割合は、人口規模「100万人以上」の都市に本拠地を置く企業で37.0％、同じく「30万人以上100万人未満」で39.5％、「10万人以上30万人未満」で35.1％、「5万人以上10万人未満」で40.5％、「1万人以上5万人未満」で39.0％、「1万人未満」で34.1％。

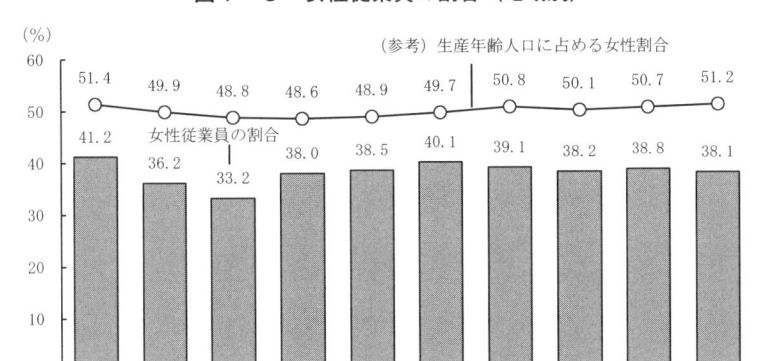

図1－9　女性従業員の割合（地域別）

地域	女性従業員の割合(%)	生産年齢人口に占める女性割合(%)
北海道 (n=1,264)	41.2	51.4
東北 (n=2,719)	36.2	49.9
北関東・信越 (n=2,859)	33.2	48.8
東京・南関東 (n=6,547)	38.0	48.6
東海 (n=2,530)	38.5	48.9
北陸 (n=673)	40.1	49.7
近畿 (n=3,355)	39.1	50.8
中国 (n=1,506)	38.2	50.1
四国 (n=756)	38.8	50.7
九州 (n=2,649)	38.1	51.2

資料：日本政策金融公庫総合研究所「企業経営と従業員の雇用に関するアンケート」（2010年）
　　　（女性従業員の割合）
　　　総務省「人口推計」（2009年）（生産年齢人口に占める女性割合）
(注)　九州は沖縄県を除く。

3　どのような女性が小企業で働いているのか

　次に、小企業で働く女性の実態について、ライフステージなどの個人の属性と、企業における立場や労働条件などの就業状況に分け、詳しくみていくことにしよう。

(1) 個人の属性

① 年　齢

　女性従業員の年齢の分布をみると、34歳以下の若年者が33.7％となっており、男性の29.7％よりも多い（図1－10）。一方、55歳以上の高年齢者は24.6％で、男性の25.9％とそれほど違わない水準であった。従業者規模別では、規模が小さい企業ほど女性従業員のうちの若年者の割合は低く、高年齢者の割合は高くなる傾向にある。

図1-10 年齢（従業者規模別）

(単位：%)

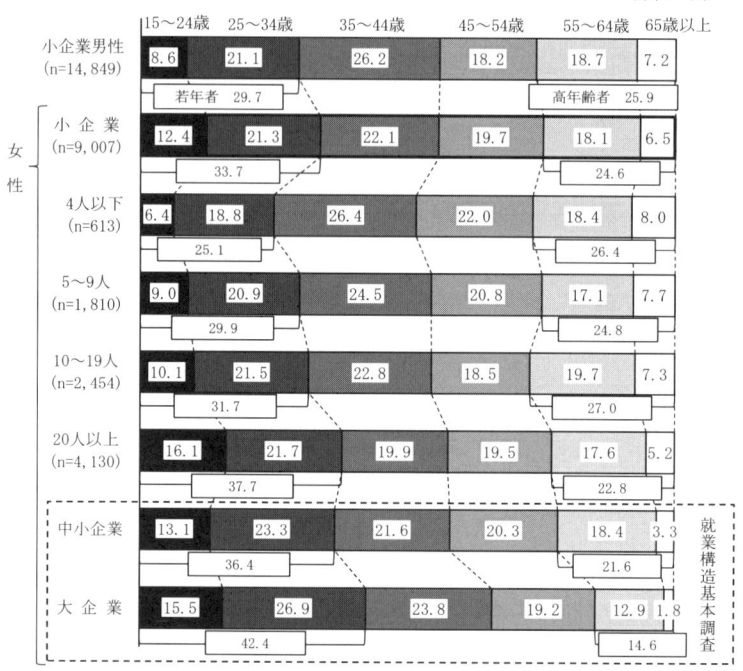

	15～24歳	25～34歳	35～44歳	45～54歳	55～64歳	65歳以上
小企業男性 (n=14,849)	8.6	21.1	26.2	18.2	18.7	7.2
	若年者 29.7				高年齢者 25.9	
女性 小企業 (n=9,007)	12.4	21.3	22.1	19.7	18.1	6.5
	33.7				24.6	
4人以下 (n=613)	6.4	18.8	26.4	22.0	18.4	8.0
	25.1				26.4	
5～9人 (n=1,810)	9.0	20.9	24.5	20.8	17.1	7.7
	29.9				24.8	
10～19人 (n=2,454)	10.1	21.5	22.8	18.5	19.7	7.3
	31.7				27.0	
20人以上 (n=4,130)	16.1	21.7	19.9	19.5	17.6	5.2
	37.7				22.8	
中小企業	13.1	23.3	21.6	20.3	18.4	3.3
	36.4				21.6	
大企業	15.5	26.9	23.8	19.2	12.9	1.8
	42.4				14.6	

就業構造基本調査

資料：図1-4に同じ。
（注）図1-4（注）1、2に同じ。

　小企業の女性従業員の年齢分布を10歳ごとのカテゴリーで詳しくみてみると、まず、「15～24歳」は全体の12.4％となった。これが「25～34歳」では21.3％を占め、「35～44歳」では22.1％と全カテゴリーのなかで最も高い割合となっている。一方、中小企業や大企業では、「25～34歳」が最も構成割合が高く、「35～44歳」はそれよりも低い水準となった。これは、小企業に比べて結婚や出産などを機に退職する人が多いことを示唆していると思われる。

② 勤続年数
　女性従業員の勤続年数をみると、「1年未満」が15.5％、「1年以上

3年未満」が20.3％と、男性の10.9％、16.5％よりも割合が高く、男性と比べて勤続年数の短い人が多い（図1－11）。逆に「10年以上」は25.3％で、男性の34.0％より少なくなっている。

　また、企業規模が小さいほど、「1年未満」「1年以上3年未満」の割合が低く、「10年以上」の割合が高くなるなど、長く勤める女性が多くなる傾向にある。大企業のほうが、終身雇用制を採っていて勤続年数が長いイメージがあるかもしれない。だが、女性については、そのイメージが当てはまらないようである。一方、図には示していないが、男性に関していえば、「10年以上」の割合は、中小企業で44.3％、大企業で55.2％と、イメージどおり、小企業（34.0％）を上回っ

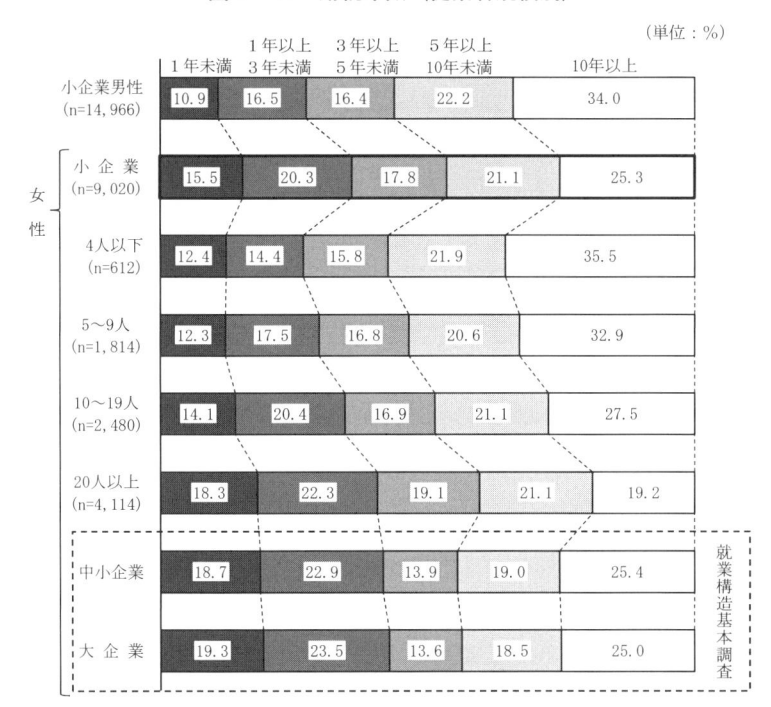

図1－11　勤続年数（従業者規模別）

（単位：％）

		1年未満	1年以上3年未満	3年以上5年未満	5年以上10年未満	10年以上
	小企業男性 (n=14,966)	10.9	16.5	16.4	22.2	34.0
女性	小企業 (n=9,020)	15.5	20.3	17.8	21.1	25.3
	4人以下 (n=612)	12.4	14.4	15.8	21.9	35.5
	5～9人 (n=1,814)	12.3	17.5	16.8	20.6	32.9
	10～19人 (n=2,480)	14.1	20.4	16.9	21.1	27.5
	20人以上 (n=4,114)	18.3	22.3	19.1	21.1	19.2
	中小企業	18.7	22.9	13.9	19.0	25.4
	大 企 業	19.3	23.5	13.6	18.5	25.0

就業構造基本調査

資料：図1－4に同じ。
（注）　図1－4（注）1、2に同じ。

ている。

　こうしたデータは、第4章の分析結果とは一見すると矛盾しているようにもみえる。東北大学の三輪哲准教授は、東京大学社会科学研究所「働き方とライフスタイルに関する全国調査」（Japanese Life course Panel Survey, JLPS）のデータを分析し、「女性が小企業に勤務すると、相対的に辞めやすい傾向にある」との知見を導き出している。だが、この違いは、両者が対象としたデータの性質によるものと考えられる。本調査では従業員の年齢に制限を設けていないのに対して、JLPSは調査対象を40歳までに限っている。本章第4節でも触れるが、小企業には定年退職制度がない企業が多いため、規模が小さい企業ほど、高齢になるまで長期にわたって勤務を続ける女性が多いということだろう。

③　家族構成

　続いて女性従業員の家族構成について、正社員・非正社員別にみてみよう。配偶者、つまり夫のいる従業員の割合は、正社員で44.9％、非正社員で64.4％と大きな差がある（図1－12(1)）。結婚し、家事の負担が重い人は、仕事に割ける時間が少なく、労働時間の長い正社員としては働きにくいからだと考えられる。また、序章でも触れたように、いったんキャリアを中断した後に正社員として就業することは、勤め先が小企業であっても容易ではない面もあるのかもしれない。

　主たる家計維持者の割合は、正社員で37.3％と、非正社員の17.2％を上回っている（図1－12(2)）。非正社員女性の多くが、家計を補助したり自身の小遣いを得たりするために働いている様子がうかがえる。

　小学生以下の子どもをもつ従業員割合については、正社員で12.5％、非正社員で15.4％と、大きな差はない（図1－12(3)）。介護を要する家族をもつ従業員割合も、正社員と非正社員で違いはみられなかった（図1－12(4)）。

図1-12　従業員の家族の状況

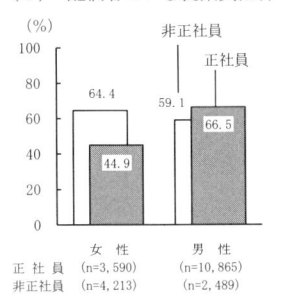

(1) 配偶者のいる従業員割合
- 女性: 正社員 64.4%、非正社員 44.9%
- 男性: 正社員 59.1%、非正社員 66.5%
- 女性 正社員(n=3,590) 非正社員(n=4,213)
- 男性 正社員(n=10,865) 非正社員(n=2,489)

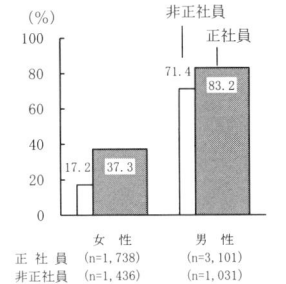

(2) 主たる家計維持者の割合
- 女性: 正社員 17.2%、非正社員 37.3%
- 男性: 正社員 71.4%、非正社員 83.2%
- 女性 正社員(n=1,738) 非正社員(n=1,436)
- 男性 正社員(n=3,101) 非正社員(n=1,031)

(3) 小学生以下の子どもをもつ従業員割合
- 女性: 正社員 15.4%、非正社員 12.5%
- 男性: 正社員 6.7%、非正社員 22.1%
- 女性 正社員(n=3,969) 非正社員(n=4,900)
- 男性 正社員(n=11,505) 非正社員(n=3,180)

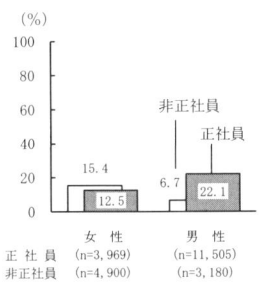

(4) 介護を要する家族をもつ従業員割合
- 女性: 正社員 6.2%、非正社員 6.6%
- 男性: 正社員 6.1%、非正社員 6.8%
- 女性 正社員(n=1,743) 非正社員(n=1,443)
- 男性 正社員(n=3,110) 非正社員(n=1,029)

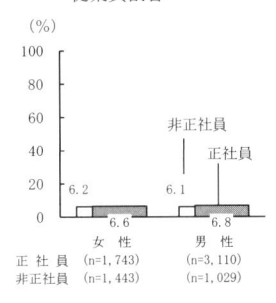

(注)　(2)と(4)については、「正社員男性」「正社員女性」「非正社員男性」「非正社員女性」それぞれの「勤務年数が最も長い人」と「勤務年数が最も短い人」について尋ねたもの。

④　出産後の勤務状況

　最近3年間に出産した女性344人に限ってではあるが、出産後の勤務状況をみると、「出産時退職せず」の70.1％と「退職後再雇用」の4.9％を合わせた75.0％が、出産後も同じ小企業に勤めている（図1-13）。一方、『2006年版中小企業白書』で大企業の従業員を含んだデータをみると、出産1年前に就労していた女性のうち、出産後も同じ企業に勤めている女性の割合は、31.0～48.8％にとどまっている[21]（図

21　数字に幅があるのは、「再就職」先が以前と同じ企業かどうか明示されていないため。全員が以前と異なる企業に「再就職」していれば31.0％となり、全員が以前と同じ企業に戻っていれば48.8％となる。

図1－13　女性従業員の出産後の勤務状況

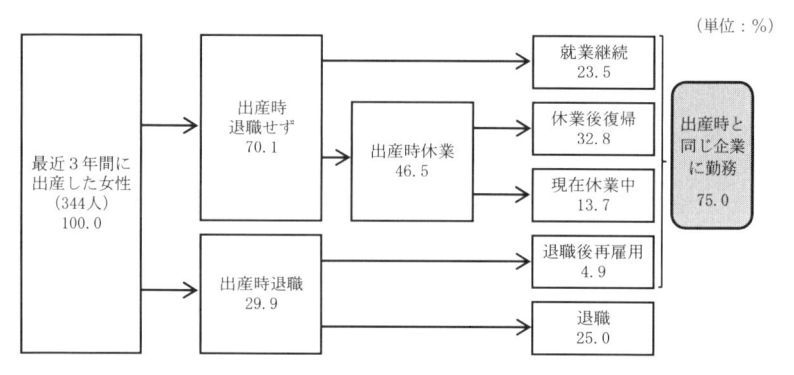

(単位：％)

- 最近3年間に出産した女性（344人）100.0
  - 出産時退職せず 70.1
    - 就業継続 23.5
    - 出産時休業 46.5
      - 休業後復帰 32.8
      - 現在休業中 13.7
  - 出産時退職 29.9
    - 退職後再雇用 4.9
    - 退職 25.0
- 出産時と同じ企業に勤務 75.0

（注）最近3年間（業歴3年未満の企業は開業以降）に出産した女性従業員について集計したもの。

（参考）大企業を含めた女性就業者の出産後の勤務状況

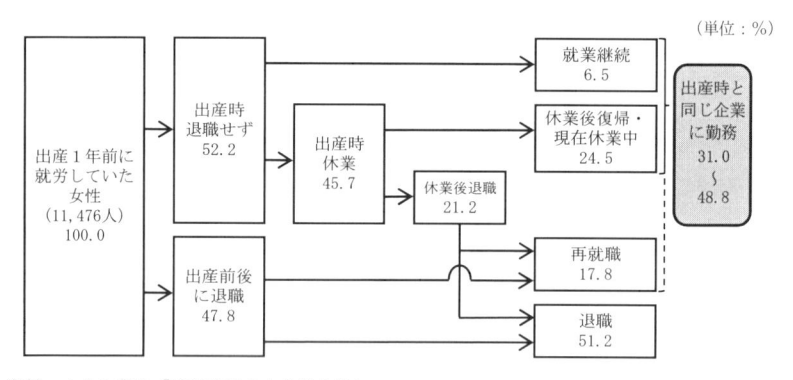

(単位：％)

- 出産1年前に就労していた女性（11,476人）100.0
  - 出産時退職せず 52.2
    - 就業継続 6.5
    - 出産時休業 45.7
      - 休業後復帰・現在休業中 24.5
      - 休業後退職 21.2
  - 出産前後に退職 47.8
    - 再就職 17.8
    - 退職 51.2
- 出産時と同じ企業に勤務 31.0～48.8

資料：中小企業庁『2006年版中小企業白書』
（注）1　調査対象は、民間企業（規模は問わない）の従業員や官公庁の職員、自営業者など。
　　　2　「再就職」先は、以前と同じ企業かどうか明示されていないため、「出産時と同じ企業に勤務」している人の割合は31.0～48.8％となる。

1－13参考図）。双方を比較してみる限り、小企業は子育て中の女性にとって働き続けやすい環境であるといえそうだ。

⑤　大企業での勤務経験

　では、結婚や出産などで大企業を退職した女性は、その後どうなる

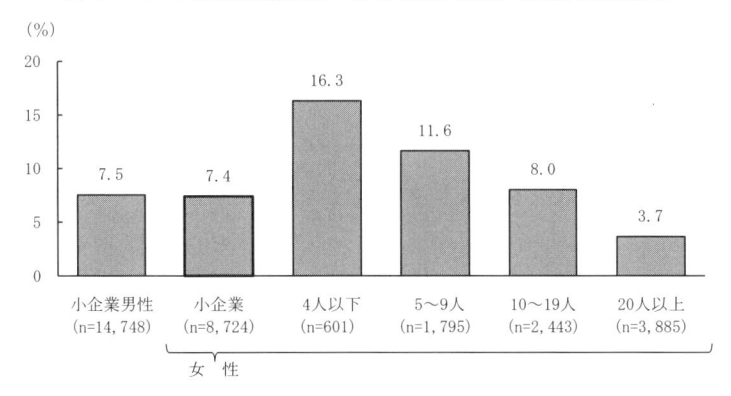

図1-14　大企業勤務経験のある従業員割合（従業者規模別）

	小企業男性 (n=14,748)	小企業 (n=8,724)	4人以下 (n=601)	5～9人 (n=1,795)	10～19人 (n=2,443)	20人以上 (n=3,885)
(%)	7.5	7.4	16.3	11.6	8.0	3.7

（小企業～20人以上が「女性」）

（注）　大企業は、従業員300人以上の企業および官公庁とした。

のか。アンケートからは、その一部が小企業に転じている様子がみて取れる。

　小企業の女性従業員のうち、これまでに大企業に勤務した経験のある人の割合は、7.4％であった（図1-14）。従業者規模別では、「4人以下」で16.3％、「5～9人」で11.6％など、規模が小さい企業ほど、大企業出身の女性従業員のウエートが高くなっている。

(2) 就業状況

① 正社員と非正社員

　本章の第2節では、規模が小さい企業ほど、正社員に占める女性従業員の割合が高いことを示した。ここで視点を変えて、女性従業員に占める正社員の割合を従業者規模別にみてみると、小企業では44.0％と、中小企業（37.9％）や大企業（36.2％）を上回った（図1-15）。

　これを年齢別にみると、正社員の割合は、小企業、大企業ともに、「25～34歳」をピークに低下している[22]（図1-16）。ただし、正社員

22　グラフが煩雑になるため、ここでは中小企業（従業者50～299人）は記載を省略したが、大企業（従業者300人以上）とほぼ同様の動きを示している。

図1-15　正社員の割合（従業者規模別）

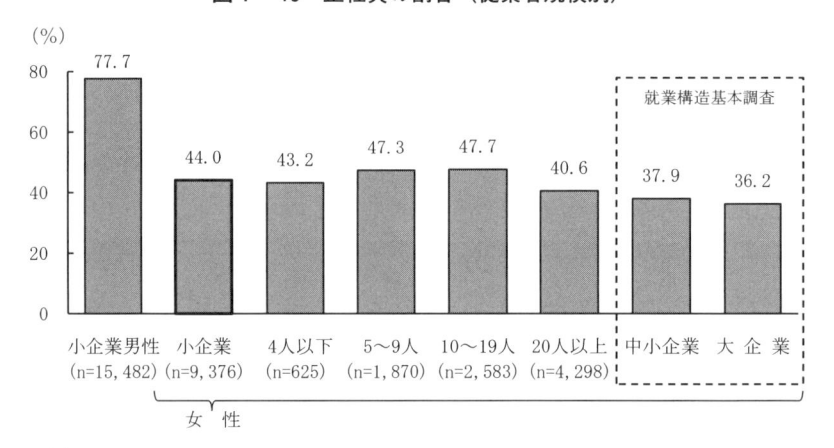

(%)

- 小企業男性 (n=15,482): 77.7
- 小企業 (n=9,376): 44.0
- 4人以下 (n=625): 43.2
- 5～9人 (n=1,870): 47.3
- 10～19人 (n=2,583): 47.7
- 20人以上 (n=4,298): 40.6
- 中小企業: 37.9
- 大企業: 36.2

（就業構造基本調査）

女性

資料：図1-4に同じ。
(注)1　図1-4(注)1に同じ。
　　2　中小企業および大企業のデータには、法人の経営者および役員は含まれていない。

図1-16　年齢別にみた正社員の割合

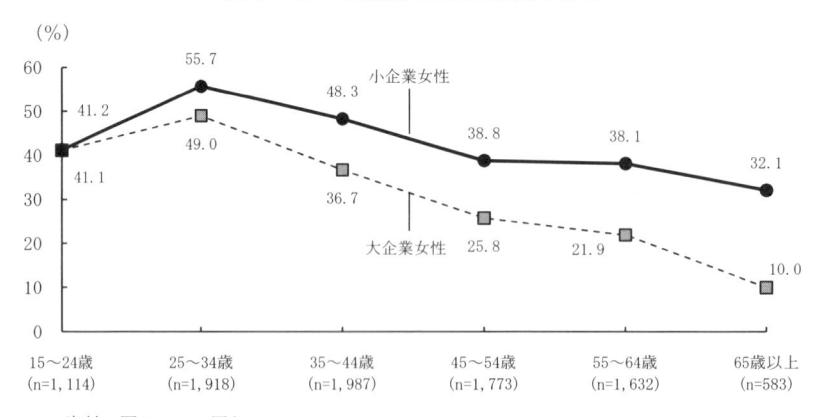

(%)

小企業女性
- 15～24歳 (n=1,114): 41.2
- 25～34歳 (n=1,918): 55.7
- 35～44歳 (n=1,987): 48.3
- 45～54歳 (n=1,773): 38.8
- 55～64歳 (n=1,632): 38.1
- 65歳以上 (n=583): 32.1

大企業女性
- 15～24歳: 41.1
- 25～34歳: 49.0
- 35～44歳: 36.7
- 45～54歳: 25.8
- 55～64歳: 21.9
- 65歳以上: 10.0

資料：図1-4に同じ。
(注)1　図1-4(注)1、図1-15(注)2に同じ。
　　2　nは小企業の値。大企業については省略した。

割合の低下幅は、小企業のほうが明らかに小さい。序章でで述べたとおり、子育てが一段落した女性のなかには、フルタイムで働きたいという希望はあっても正社員になれない人が少なからずいる（前掲図序-

6)。水準は高くはないものの、小企業は、こうした就業ニーズの受け皿として、一定の役割を果たしているといえるだろう。

② 職　種

　女性従業員の職種の分布をみると、「事務職」（22.7％）、「販売職」（16.6％）、「専門技術職」（16.3％）の順に多い（表１－３）。一方、「運輸通信職」（1.0％）、「経営管理職」（1.9％）、「営業職」（3.5％）に就く女性は、女性全体のなかでは非常に少ないことがわかる。

　業種と職種を合わせてみると、「小売業」の「販売職」が12.4％、「製造業」の「生産労務職」が8.5％、「飲食店、宿泊業」の「サービス・保安職」（主に調理や接客などを行う職種）が6.4％と、これら３項目で女性従業員の３割近くを占める。

　ここで、官庁統計により、職種における男女構成をみておこう。常用労働者10人以上の企業を対象とした厚生労働省「賃金構造基本統計調査」によると、128の職種[23]のうち、女性割合が「30％未満」の職種は2005年では85、2010年でも84と、「男性ならでは」の仕事は依然として多い（表１－３参考表）。ただ、割合の変化をみると、2005年に女性割合が「30％未満」だった85職種のうち61.2％に当たる52職種で女性割合が上昇している一方、「70％以上」だった18職種のうち12職種で女性割合が低下しているなど、職種による性別の偏りは、わずかではあるが和らぎつつある。

③ 管理職

　小企業がより規模の大きな企業に比べて女性に活躍の場を提供していることは、管理職に関するデータからもわかる。管理職に占める女性の割合は、小企業全体では17.3％となった（図１－17）。これは中

23　厚生労働省「賃金構造基本統計調査」では、本稿のアンケート調査で用いた職種より細かい区分を用いている。

表1－3　女性従業員の職種の分布（業種別）　　（単位：%）
（n＝8,588）

	事務職	販売職	専門技術職	生産労務職	サービス・保安職	営業職	経営管理職	運輸通信職	補助・その他	全職種計
製造業	2.9	0.6	1.9	8.5	0.6	0.3	0.2	0.1	0.9	16.0
卸売業	4.1	1.7	0.4	0.9	0.1	0.5	0.3	0.1	0.5	8.6
小売業	3.1	12.4	1.0	1.7	1.9	1.1	0.3	0.1	1.3	22.8
飲食店、宿泊業	0.3	0.9	0.0	0.5	6.4	0.0	0.0	0.0	1.0	9.0
個人向けサービス業	0.5	0.5	1.6	1.9	1.6	0.4	0.1	0.1	0.4	7.1
事業所向けサービス業	4.1	0.1	3.3	1.2	0.8	0.3	0.2	0.2	1.6	11.8
情報通信業	0.7	0.0	2.2	0.1	0.0	0.2	0.1	0.0	0.3	3.6
医療、福祉	1.1	0.1	4.6	0.1	2.1	0.0	0.1	0.1	1.4	9.5
教育、学習支援業	0.3	0.0	0.7	0.0	0.1	0.0	0.1	0.0	0.1	1.9
不動産業	0.8	0.0	0.1	0.0	0.3	0.3	0.1	0.0	0.2	1.8
建設業	3.6	0.1	0.4	0.4	0.1	0.2	0.2	0.0	0.2	5.1
運輸業	0.9	0.0	0.1	0.1	0.0	0.1	0.0	0.3	0.1	1.5
その他	0.4	0.0	0.1	0.4	0.0	0.2	0.0	0.0	0.1	1.2
全業種計	22.7	16.6	16.3	15.6	14.5	3.5	1.9	1.0	8.0	100.0

（注）1　女性従業員全体を100%とした構成比。
　　　2　構成比が多い上位10項目に網掛けし、上位3項目はゴシックにした。

（参考）女性労働者割合別の職種数

女性労働者割合	職種数		女性労働者割合の変化（2005年⇒2010年） ※女性労働者割合のカテゴリーは2005年基準。			
	2005年	2010年	上昇職種数（割合：%）		低下職種数（割合：%）	
30%未満	85	84	52	(61.2)	31	(36.5)
30%以上50%未満	13	16	7	(53.8)	6	(46.2)
50%以上70%未満	12	10	5	(41.7)	7	(58.3)
70%以上	18	18	6	(33.3)	12	(66.7)
合計	128	128	70	(54.7)	56	(43.8)

資料：厚生労働省「賃金構造基本統計調査」
（注）1　常用労働者10人以上の事業所のデータ。
　　　2　2005年より後に加わった職種は除いて集計。

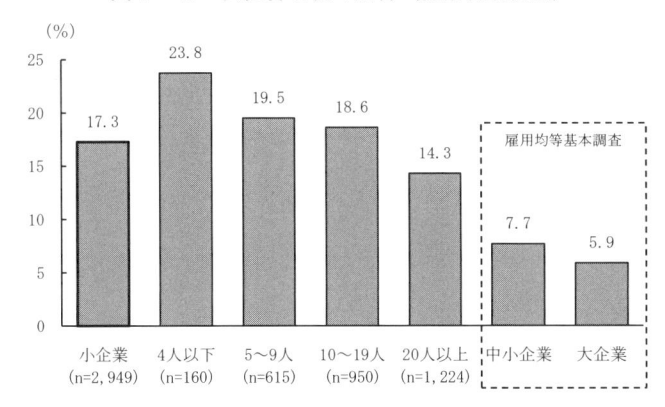

図1-17 女性管理職の割合(従業者規模別)

区分	割合(%)
小企業 (n=2,949)	17.3
4人以下 (n=160)	23.8
5～9人 (n=615)	19.5
10～19人 (n=950)	18.6
20人以上 (n=1,224)	14.3
雇用均等基本調査 中小企業	7.7
雇用均等基本調査 大企業	5.9

資料:日本政策金融公庫総合研究所「企業経営と従業員の雇用に関するアンケート」(2010年)(小企業)
　　厚生労働省「雇用均等基本調査」(2009年)(中小企業・大企業)
(注)1　中小企業は従業員「100～299人」、大企業は従業員「300～999人」。
　　2　中小企業および大企業のデータには家族従業員を含む。
　　3　管理職とは、役員を含む係長相当職以上。

小企業の7.7%や大企業の5.9%を、大きく上回る水準である[24]。しかも「4人以下」で23.8%、「5～9人」で19.5%と、特に従業者規模の小さい企業でその割合は高い。

　本節で示したとおり、規模が小さい企業ほど勤続年数が長いため、知識や経験の蓄積が進み、管理職としての適性が高まる面もあるだろう。それに加え、人材の数が限られた小企業には、男女の別なく活躍の場を与えようという姿勢が強いともいえそうだ。

　㈱セレクティー(宮城県、家庭教師派遣業、従業者18人、事例編⑥)では、派遣する約300人の家庭教師を取りまとめる事務局のトップに、20歳代の女性従業員を抜擢した。同社の畠山明社長は、人材の配置に

24　中小企業と大企業のデータには、家族従業員も含まれているが、従業者規模が大きくなるほど、家族従業員のウエートは小さくなるため、家族を除いた値とほとんど変わらないと考えられる。ちなみに、小企業の場合、家族従業員を含めると、管理職に占める女性の割合は、35.2%とさらに高くなる(家族従業員のデータは、第2章で詳述する)。

ついて、「年齢や性別にこだわらず、能力と意欲を適正に評価することが重要」と説いている。

④ 勤務時間

女性を管理職や正社員に積極的に登用している一方で、小企業が家事や育児のために時間を割きながら働ける職場環境であることを示すデータもある。

女性従業員に占める短時間勤務（週間就業時間35時間未満）の割合は、正社員で5.6％、非正社員で63.0％となり、それぞれ男性を上回った（図1－18）。従業者規模別では、正社員女性、非正社員女性とも、規模が小さい企業ほど高くなる傾向にある。

家事や育児にある程度の時間を割こうとすれば、長い時間は働けない時期があるだろう。小企業は、ライフステージによって柔軟な働き方を認めることで、こうした従業員にも働きやすい職場を提供しているのである。

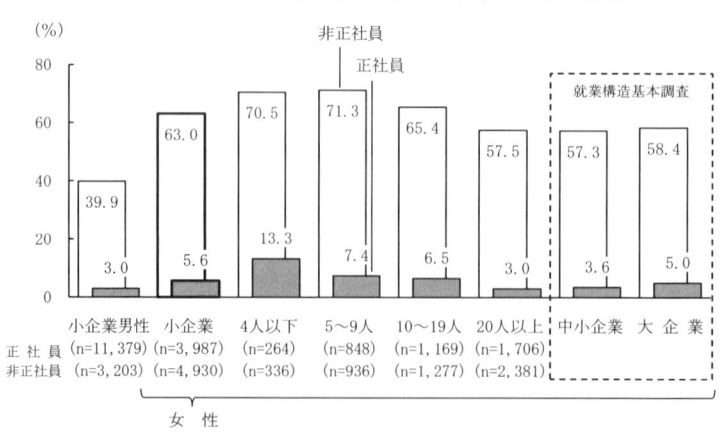

図1－18　短時間勤務の従業員の割合（従業者規模別）

	小企業男性	小企業	4人以下	5～9人	10～19人	20人以上	中小企業	大企業
非正社員(%)	39.9	63.0	70.5	71.3	65.4	57.5	57.3	58.4
正社員(%)	3.0	5.6	13.3	7.4	6.5	3.0	3.6	5.0
正社員 n=	11,379	3,987	264	848	1,169	1,706		
非正社員 n=	3,203	4,930	336	936	1,277	2,381		

右側（中小企業・大企業）は就業構造基本調査

女性：小企業～20人以上

資料：図1－4に同じ。
（注）1　図1－4（注）1、図1－15（注）2に同じ。
　　　2　短時間勤務は、週間就業時間（実労働時間）が35時間未満。

⑤ 賃　金

　ただし、必ずしも良い面ばかりではない。女性の１カ月の平均給与は、正社員が21.3万円、非正社員が9.9万円と、いずれも男性を大きく下回っている（図１－19）。給与の分布をみると、正社員女性では約半数が、非正社員女性では９割以上が20万円未満となっている。とりわけ非正社員女性では、56.9％が「10万円未満」にとどまる。

　年齢階層別にみると、正社員・非正社員とも、どの年齢においても、小企業で働く女性の平均給与は「従業者100～999人」や「従業者1,000人以上」の企業の水準を下回っている（図１－20）。賃金水準に関していえば、規模の大きい企業のほうが好条件であるということだ。また正社員についてみると、「従業者100～999人」や「従業者1,000人以上」の企業では40歳代後半をピークとした山型のカーブを描くが、小企業では20歳代後半以降、給与水準はほとんど横ばいである。これは、年齢以外の要素、例えば能力や職種によって賃金が決まるケースが多

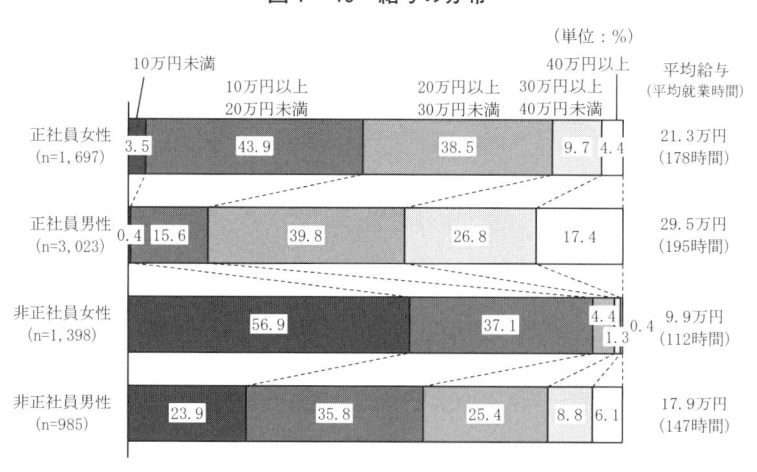

図１－19　給与の分布

(単位：%)

	10万円未満	10万円以上 20万円未満	20万円以上 30万円未満	30万円以上 40万円未満	40万円以上	平均給与 （平均就業時間）
正社員女性 (n=1,697)	3.5	43.9	38.5	9.7	4.4	21.3万円 (178時間)
正社員男性 (n=3,023)	0.4	15.6	39.8	26.8	17.4	29.5万円 (195時間)
非正社員女性 (n=1,398)	56.9	37.1	4.4	0.4	1.3	9.9万円 (112時間)
非正社員男性 (n=985)	23.9	35.8	25.4	8.8	6.1	17.9万円 (147時間)

(注) 1　賞与を除いた１カ月の平均給与。
　　 2　「正社員男性」「正社員女性」「非正社員男性」「非正社員女性」それぞれの、「勤務年数が最も長い人」と「勤務年数が最も短い人」について尋ねたもの。

図1-20　年齢別にみた女性従業員の平均給与

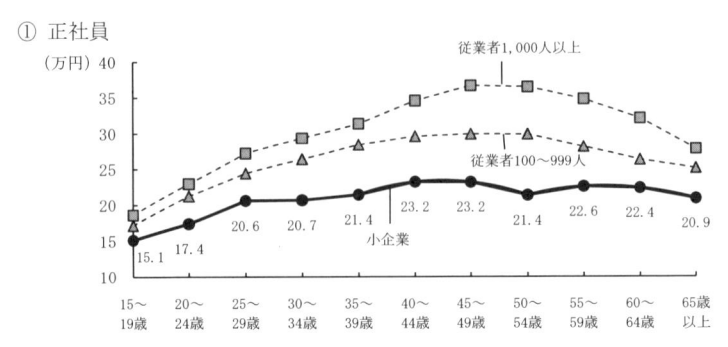

① 正社員
(万円)

小企業：15.1, 17.4, 20.6, 20.7, 21.4, 23.2, 23.2, 21.4, 22.6, 22.4, 20.9

従業者1,000人以上／従業者100～999人／小企業

② 非正社員
(万円)

小企業：4.6, 9.6, 10.3, 10.8, 9.8, 10.1, 10.9, 10.3, 10.1, 9.9, 9.2

従業者1,000人以上／従業者100～999人／小企業

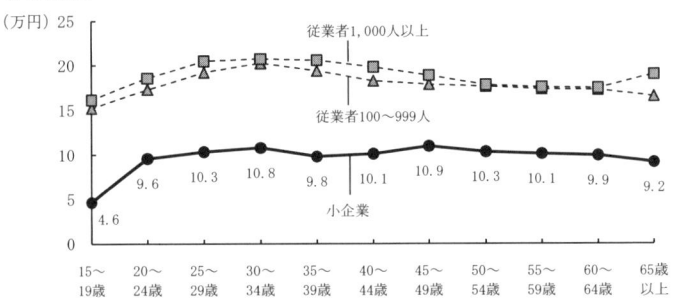

年齢区分：15～19歳、20～24歳、25～29歳、30～34歳、35～39歳、40～44歳、45～49歳、50～54歳、55～59歳、60～64歳、65歳以上

資料：日本政策金融公庫総合研究所「企業経営と従業員の雇用に関するアンケート」(2010年)
　　　(小企業)
　　　厚生労働省「賃金構造基本統計調査」(2009年)(「従業者100～999人」「従業者1,000人以上」)
(注)1　小企業のデータは、図1-19(注)1、2に同じ。
　　2　「従業者100～999人」「従業者1,000人以上」のデータは、決まって支給する現金給与額。
　　　「65歳以上」は、「65～69歳」のデータ。

いことを、逆にいえば長く勤めても給与はそれほど上昇しないことを示唆している。一方、非正社員については、どの規模の企業でも、賃金は年齢にかかわらずほぼ横ばいとなっている。

(3) 就業ニーズ

　次に、小企業の従業員がもつ就業ニーズについて、正社員・非正社員別にみていこう。図1-21は、小企業の経営者に、従業員が働くうえでどのような要素を重視していると思うかを尋ねたものである。

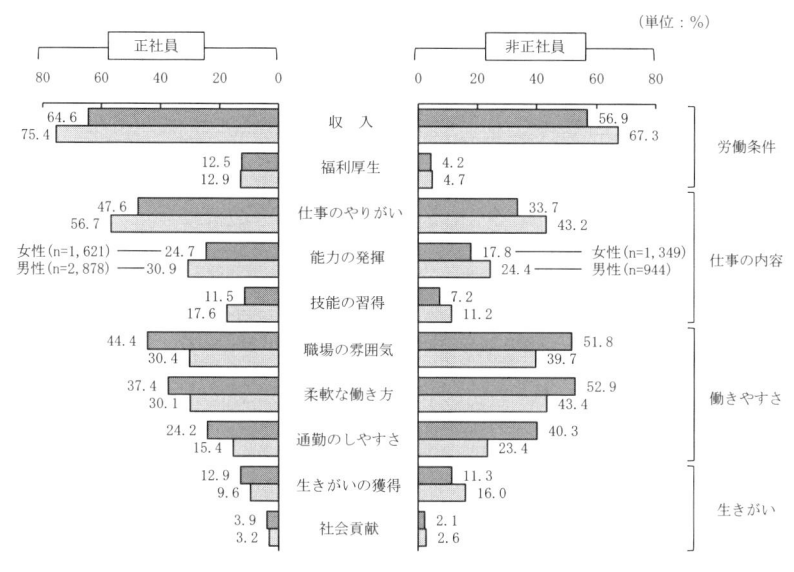

図1-21 従業員が重視する要素(三つまで複数回答)

(単位:%)

	正社員		非正社員	
	女性(n=1,621)	男性(n=2,878)	女性(n=1,349)	男性(n=944)
収入	64.6	75.4	56.9	67.3
福利厚生	12.5	12.9	4.2	4.7
仕事のやりがい	47.6	56.7	33.7	43.2
能力の発揮	24.7	30.9	17.8	24.4
技能の習得	11.5	17.6	7.2	11.2
職場の雰囲気	44.4	30.4	51.8	39.7
柔軟な働き方	37.4	30.1	52.9	43.4
通勤のしやすさ	24.2	15.4	40.3	23.4
生きがいの獲得	12.9	9.6	11.3	16.0
社会貢献	3.9	3.2	2.1	2.6

区分: 労働条件(収入、福利厚生)、仕事の内容(仕事のやりがい、能力の発揮、技能の習得)、働きやすさ(職場の雰囲気、柔軟な働き方、通勤のしやすさ)、生きがい(生きがいの獲得、社会貢献)

(注)1 個々の従業員が働くうえでどんな要素を重視していると思うかを経営者に尋ねたもの。
2 図1-19(注)2に同じ。

まず正社員女性についてみてみると、「収入」が64.6％で1位、「仕事のやりがい」が47.6％で2位となった。この順位は正社員の男性と同じであるが、回答割合は女性のほうが10ポイントほど低い。一方、正社員の女性が3位、4位に挙げた「職場の雰囲気」(44.4％)、「柔軟な働き方」(37.4％)といった働きやすさに関する項目に関しては、回答割合が正社員男性より高くなった。

続いて非正社員女性についてみてみると、1位が「収入」(56.9％)であるのは正社員女性と同じだが、2位以下は「柔軟な働き方」(52.9％)、「職場の雰囲気」(51.8％)、「通勤のしやすさ」(40.3％)と、正社員女性とは異なる傾向となった。これらの水準は、「仕事のやりがい」の33.7％を上回っており、非正社員女性は正社員女性に比べて働きやすさをより重視している状況がみて取れる。

つまり、主たる家計維持者であることが多い男性にとっても、家計補助者として働くことが多い女性にとっても、収入は当然ながら重要ではあるものの、家事や育児の負担が重い女性にとっては、働きやすさもまた大切であるということだ。言い方を換えれば、女性の就業ニーズは、「収入」と「仕事のやりがい」が突出している男性に比べると、相対的に多様であるともいえる。

4　なぜ小企業が多様な雇用の受け皿となりうるのか

前節では、小企業で働く女性は、属性や就業ニーズに関して多様であることを示した。では、小企業はなぜ、こうした女性の雇用の受け皿となりうるのか。アンケート結果からみえてくるキーワードは、小企業ならではの、二つの「柔軟性」と二つの「近接性」である。

(1) 採用や人材評価の柔軟さ

小企業は、大企業に比べて人材が限られている。大勢の就職希望者から人材を厳選し、何百人、何千人の在籍者から適性を見極めて配置を決めるなどということはできない。そのため、望む望まないにかかわらず、より柔軟な基準で人材を集め、活躍を促す必要が出てくる。

雇用の入り口である採用についてみてみよう。小企業が最近3年間に新たに雇用した女性従業員のうち、88.5％が中途採用者であった（図1-22）。これは、中小企業の84.5％、大企業の82.9％を上回っている。小企業の場合、新規学卒者が多数求人に応募するケースは少ないといってよいだろう[25]。また、ゼロから人材を育成するだけの資

25　リクルートワークス研究所（2010）によると、2011年3月卒業予定者の大卒求人倍率（大学生および大学院生に対する求人総数÷大学生および大学院生のうち民間企業就職希望者数）は、従業員5,000人以上の企業で0.47倍、1,000～4,999人の企業で0.63倍、300～999人の企業で1.00倍、300人未満の企業で4.41倍であった。

第1章　小企業の女性雇用の実態

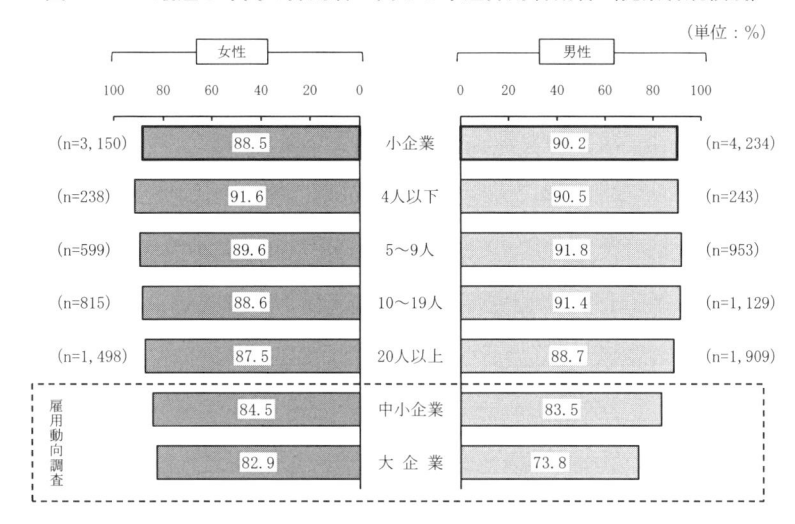

図1-22　最近3年間の採用者に占める中途採用者割合（従業者規模別）

(単位：%)

	女性		男性	
(n=3,150)	88.5	小企業	90.2	(n=4,234)
(n=238)	91.6	4人以下	90.5	(n=243)
(n=599)	89.6	5～9人	91.8	(n=953)
(n=815)	88.6	10～19人	91.4	(n=1,129)
(n=1,498)	87.5	20人以上	88.7	(n=1,909)
雇用動向調査	84.5	中小企業	83.5	
	82.9	大企業	73.8	

資料：日本政策金融公庫総合研究所「企業経営と従業員の雇用に関するアンケート」（2010年）（小企業）
　　　厚生労働省「雇用動向調査」（2009年）（中小企業・大企業）
(注)　中小企業は従業員「100～299人」、大企業は従業員「300人以上」。

　金的、時間的な余裕をもたない企業も多い。そのため、中途採用が重要な人材確保のルートとなる。
　雇用の出口である退職についてはどうか。定年退職制度の有無をみると、「定年退職なし」と回答した企業は62.4％と、中小企業の2.3％や大企業の1.3％を大きく上回った（図1-23）。小企業は、高齢の従業員を継続的に雇用することによって、彼らに能力発揮の機会を与えているといえるだろう。
　雇用中の従業員に対する評価基準にも、大企業との違いがうかがえる。賃金を決めるうえで最も重視する要素をみると、正社員では「仕事の内容」が55.4％、「個人の業績」が31.9％と、合わせて9割近くに上る（図1-24）。「勤続年数」や「年齢」を挙げた小企業は、ごくわずかであった。この結果は、正社員の年齢階層別賃金カーブが小企業

図1-23　定年退職制度の有無別企業割合（従業者規模別）

（単位：％）

定年退職あり
- 再雇用・定年延長なし
- 再雇用・定年延長あり

定年退職なし

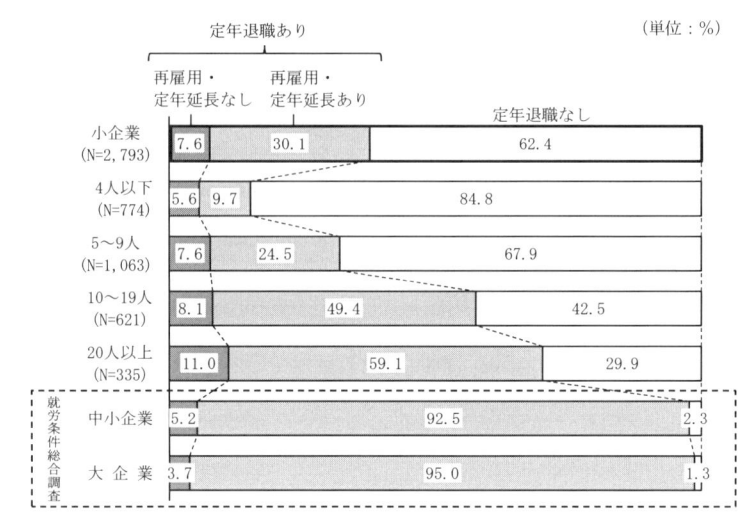

区分	再雇用・定年延長なし	再雇用・定年延長あり	定年退職なし
小企業 (N=2,793)	7.6	30.1	62.4
4人以下 (N=774)	5.6	9.7	84.8
5〜9人 (N=1,063)	7.6	24.5	67.9
10〜19人 (N=621)	8.1	49.4	42.5
20人以上 (N=335)	11.0	59.1	29.9
就労条件総合調査 中小企業	5.2	92.5	2.3
就労条件総合調査 大企業	3.7	95.0	1.3

資料：日本政策金融公庫総合研究所「企業経営と従業員の雇用に関するアンケート」（2010年）（小企業）
　　　厚生労働省「就労条件総合調査」（2009年）（中小企業・大企業）
（注）　中小企業は従業員「100〜299人」、大企業は従業員「300〜999人」。

ではほぼ平坦であるという事実とも整合する（前掲図1-20参照）。一方、同じデータからは、大企業では年齢が賃金に与える影響が相対的に大きいことも示された。小企業では大企業と異なり、年功にこだわらず実績を重視するという点で、従業員の評価がより柔軟であるといえよう。このことから、小企業では、中途採用であることが人材評価のうえでハンディになりにくいと推測される[26]。

(2) 就業ニーズへの対応の柔軟さ

小企業では大企業ほど育児休業制度など女性従業員のニーズに対応

26　非正社員の評価基準も正社員同様、「仕事の内容」や「個人の業績」が大半を占める。ただし非正社員に関しては、賃金カーブは企業規模を問わず平坦であり、小企業と大企業で評価基準は大きく変わらないと推測される。

図1-24 賃金を決めるうえで最も重視する要素（従業者規模別）

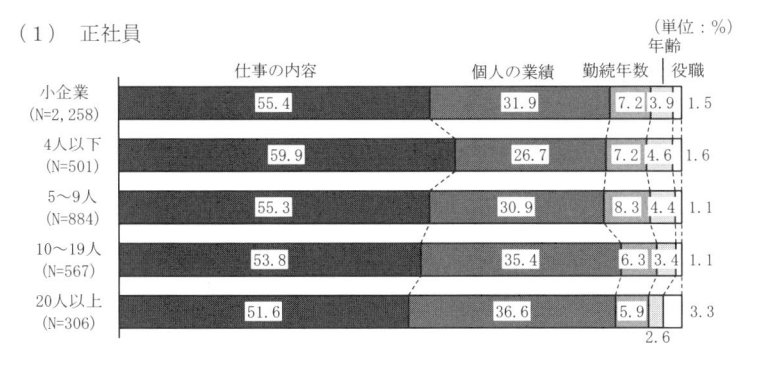

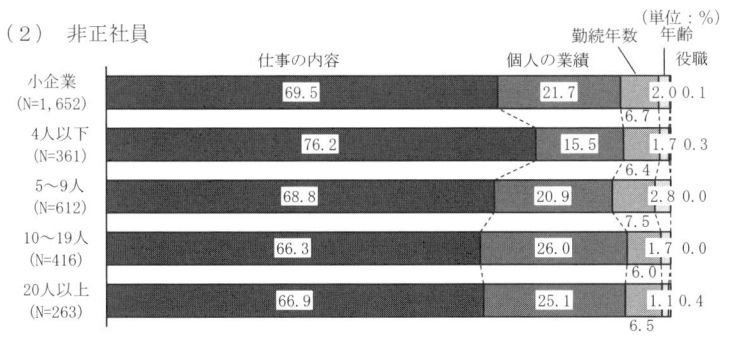

（1）正社員 (単位：％)

区分	仕事の内容	個人の業績	勤続年数	年齢	役職
小企業 (N=2,258)	55.4	31.9	7.2	3.9	1.5
4人以下 (N=501)	59.9	26.7	7.2	4.6	1.6
5～9人 (N=884)	55.3	30.9	8.3	4.4	1.1
10～19人 (N=567)	53.8	35.4	6.3	3.4	1.1
20人以上 (N=306)	51.6	36.6	5.9	2.6	3.3

（2）非正社員 (単位：％)

区分	仕事の内容	個人の業績	勤続年数	年齢	役職
小企業 (N=1,652)	69.5	21.7	6.7	2.0	0.1
4人以下 (N=361)	76.2	15.5	6.4	1.7	0.3
5～9人 (N=612)	68.8	20.9	7.5	2.8	0.0
10～19人 (N=416)	66.3	26.0	6.0	1.7	0.0
20人以上 (N=263)	66.9	25.1	6.5	1.1	0.4

する制度面の整備が進んでいないことは、すでに序章で述べた。だが実は、制度という「形式」にこだわらなければ、その様相は一変する。

　図1-25は、仕事と育児の両立支援に関して、制度があるかどうか、制度がない場合は柔軟な対応が行われているかどうかを尋ねたものである。労働政策研究・研修機構（2009）における中小企業や大企業のデータと比較しながらみてみよう。

　仕事と育児の両立に向けて就業規則等に制度を定めている割合をみると、「短時間勤務制度」で13.6％、「所定外労働の免除」で10.6％、「始業・終業時刻の繰り上げ・繰り下げ」で11.0％など、いずれも中小企業や大企業を大きく下回る。ここでは、小企業のデータの集計に当たって、制度をつくる必要性が低いと思われる、小学生以下の子ども

図1-25 仕事と育児の両立支援の状況

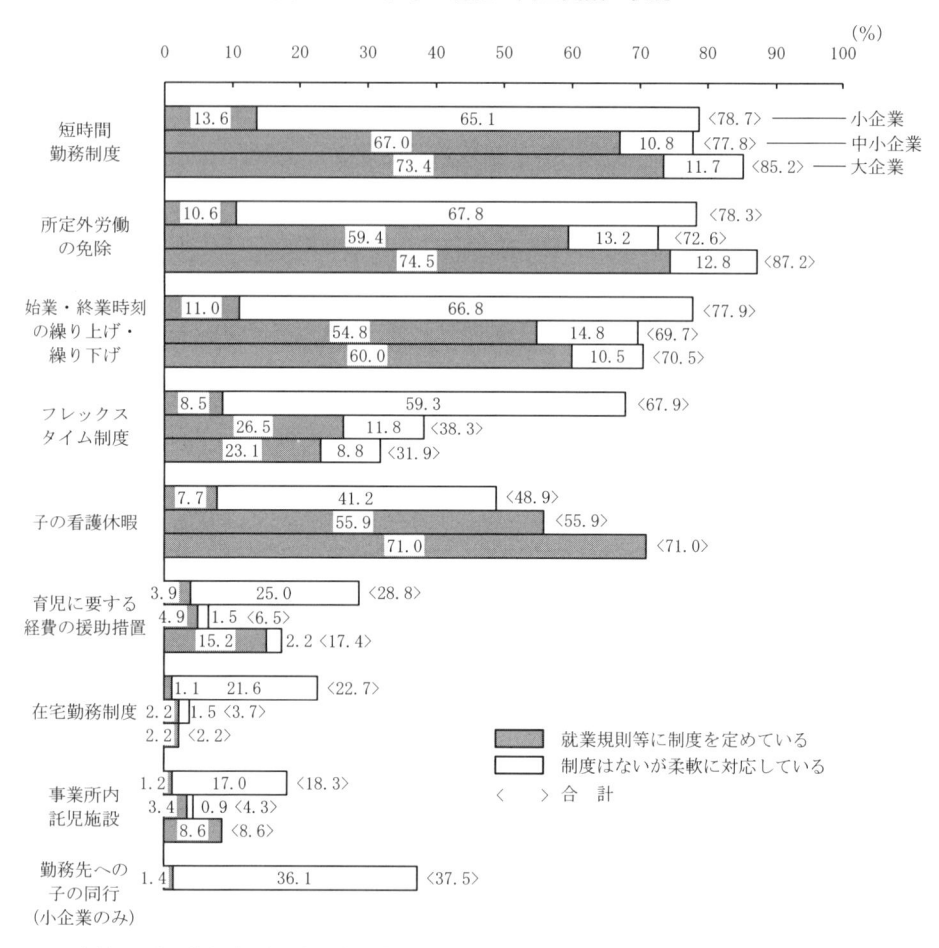

項目	企業区分	就業規則等に制度を定めている (%)	制度はないが柔軟に対応している (%)	合計 (%)
短時間勤務制度	小企業	13.6	65.1	〈78.7〉
	中小企業	67.0	10.8	〈77.8〉
	大企業	73.4	11.7	〈85.2〉
所定外労働の免除	小企業	10.6	67.8	〈78.3〉
	中小企業	59.4	13.2	〈72.6〉
	大企業	74.5	12.8	〈87.2〉
始業・終業時刻の繰り上げ・繰り下げ	小企業	11.0	66.8	〈77.9〉
	中小企業	54.8	14.8	〈69.7〉
	大企業	60.0	10.5	〈70.5〉
フレックスタイム制度	小企業	8.5	59.3	〈67.9〉
	中小企業	26.5	11.8	〈38.3〉
	大企業	23.1	8.8	〈31.9〉
子の看護休暇	小企業	7.7	41.2	〈48.9〉
	中小企業	55.9		〈55.9〉
	大企業	71.0		〈71.0〉
育児に要する経費の援助措置	小企業	3.9	25.0	〈28.8〉
	中小企業	4.9	1.5	〈6.5〉
	大企業	15.2	2.2	〈17.4〉
在宅勤務制度	小企業	1.1	21.6	〈22.7〉
	中小企業	2.2	1.5	〈3.7〉
	大企業	2.2		〈2.2〉
事業所内託児施設	小企業	1.2	17.0	〈18.3〉
	中小企業	3.4	0.9	〈4.3〉
	大企業	8.6		〈8.6〉
勤務先への子の同行（小企業のみ）	小企業	1.4	36.1	〈37.5〉

資料：日本政策金融公庫総合研究所「企業経営と従業員の雇用に関するアンケート」（2010年）（小企業）
　　　労働政策研究・研修機構「中小・中堅規模企業の雇用管理と両立支援に関する調査」（2008年）（中小企業・大企業）
（注）1　小企業は、小学生以下の子どもをもつ従業員がいる企業について集計。
　　　2　中小企業は従業員「100～299人」、大企業は従業員「300～499人」。
　　　3　中小企業・大企業については、それぞれ「制度・規定あり」「制度・規定はないが運用としてある」を読み替え、「無回答」は除いて再集計した。なお、「子の看護休暇」は、規定の有無のみ尋ねている。

をもつ従業員がいない企業[27]は除外したが、それでも小企業では制度の導入が遅れているといえそうだ。

　ところが、これに「制度はないが柔軟に対応している」を加えると、「短時間勤務制度」「所定外労働の免除」「始業・終業時刻の繰り上げ・繰り下げ」ともに8割近くに達しており、中小企業や大企業と同等の水準となる。なかには、「フレックスタイム制度」や「在宅勤務制度」など、小企業のほうが対応が進んでいそうなものもみられる。

　また、小企業が、中小企業や大企業とは異なる手法で就業ニーズに対応している様子もみて取れる。設置や運営にコストがかかるためか、「事業所内託児施設」をもっている小企業は1.2％にすぎない[28]。ただ、勤務先に子どもを同行することを認めている小企業は37.5％にも上っている[29]。一方、大企業では、託児施設に子どもを預けることはあっても、勤務中の職場に子どもがいるという状況は考えにくいだろう。

　小企業にとって、労務管理制度や事業所内託児施設などの設備をきちんと整備するのは負担が大きい[30]。しかし一方で、貴重な戦力である従業員に辞められては困る。そのため小企業の多くが、制度や設備がなくても、必要性が出てきたときには柔軟に対応していることがわかる。

27　小学生以下の子どもをもつ従業員（男女を問わず）がいない企業は、小企業全体の41.9％を占める。この割合は「4人以下」の企業では70.0％に上るのに対し、「20人以上」の企業では8.4％にとどまっている。

28　「事業所内託児施設」に「制度はないが柔軟に対応している」とは、設備はなくても、子どもを職場に連れてくることを認めているようなケースであると思われる（選択肢の解釈は、回答者に委ねている）。

29　この設問は、労働政策研究・研修機構「中小・中堅規模企業の雇用管理と両立支援に関する調査」には含まれないため、中小企業と大企業のデータはない。

30　負担を感じながらも、制度を充実させている小企業もある。そうした事例については、第3章で詳しく紹介する。

(3) 経営者と従業員の距離の近さ

　組織が大きくなれば、経営者が従業員一人ひとりの就業ニーズを把握することは難しくなってくる。仮に把握できたとしても、組織が多階層化し、複雑になるほど、制度や規則にニーズを反映させるための最終的な意思決定は遅くなる。
　その点、小企業では、組織が小さいことが強みとなる。図1-25でいずれかの支援策について「就業規則等に制度を定めている」または「制度はないが柔軟に対応している」と答えた企業に対して、取り組みの主な推進者を尋ねたところ、90.2％の企業が「経営者」と回答した。経営者自身が従業員一人ひとりの顔をみて就業ニーズを把握し、迅速に対応する。こうした、意思疎通の容易さや小回りの良さも、経営者と従業員との近接性があってこそといえる。

(4) 職場と住居の近さ

　家事や育児に時間を取られる人は、通勤に片道1時間も2時間もかけることは難しい。子どもを保育所に預けてから出勤するとなれば、あまり遠くでは始業時刻に間に合わない。また、子どもの急な病気やけがに備えようとすれば、なるべく近いところで働きたいと考えるのが自然だろう。そうした制約から住居の近くを見回した場合、仕事をみつけやすいのは企業数で圧倒的に大企業に勝る小企業ではないだろうか。
　女性従業員の片道の通勤時間を従業者規模別にみると、片道「15分未満」の従業員の割合は、「4人以下」の企業で45.3％、「5～9人」で42.7％など、規模の小さい企業ほど高くなっている[31]（図1-26）。総務省「社会生活基本調査」（2006年）のデータでみても、小

31　通勤時間に影響を与える他の要素として、企業の立地がある。「15分未満」の割合は、「100万人以上」の都市では22.1％だが、「1～5万人」の都市では59.2％、「1万人未満」の都市では58.8％となるなど、大都市ほど通勤時間は長くなる傾向にある。

第1章　小企業の女性雇用の実態

図1-26　女性従業員の片道の通勤時間（従業者規模別）

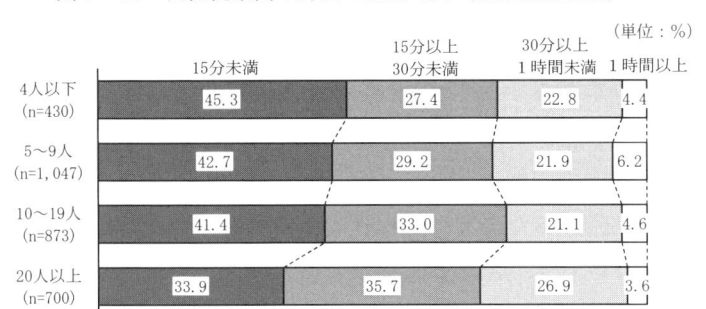

（単位：％）

	15分未満	15分以上30分未満	30分以上1時間未満	1時間以上
4人以下 (n=430)	45.3	27.4	22.8	4.4
5～9人 (n=1,047)	42.7	29.2	21.9	6.2
10～19人 (n=873)	41.4	33.0	21.1	4.6
20人以上 (n=700)	33.9	35.7	26.9	3.6

（注）図1-19(注)2に同じ。

図1-27　女性従業員の片道の通勤時間（従業者規模別）

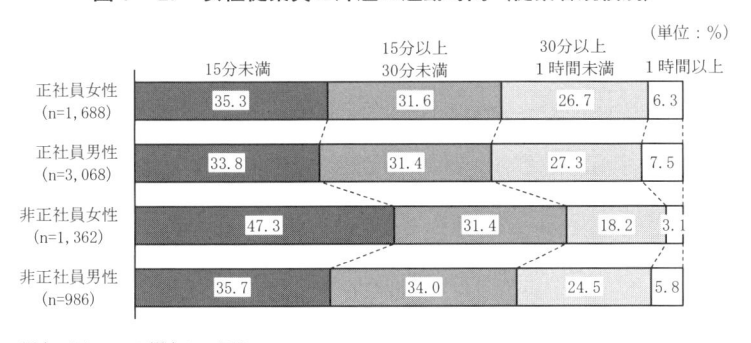

（単位：％）

	15分未満	15分以上30分未満	30分以上1時間未満	1時間以上
正社員女性 (n=1,688)	35.3	31.6	26.7	6.3
正社員男性 (n=3,068)	33.8	31.4	27.3	7.5
非正社員女性 (n=1,362)	47.3	31.4	18.2	3.1
非正社員男性 (n=986)	35.7	34.0	24.5	5.8

（注）図1-19(注)2に同じ。

企業における平均通勤時間は、大企業よりも短い傾向にある[32]。

　小企業のなかでもとりわけ通勤時間が短いのが、非正社員女性だ。「15分未満」の割合は47.3％で、正社員女性の35.3％や非正社員男性の35.7％と比べても高い（図1-27）。「15分以上30分未満」の31.4％を加えると、8割近くが自宅から片道30分圏内の企業で働いていることになる。図1-21で、非正社員女性が「通勤のしやすさ」を重視していることを示したが、小企業は、まさにこのニーズに合致した職場な

32　女性の片道の平均通勤時間は、「4人以下」の企業の28.5分、「5～9人」の28.5分に対して、「300～999人」で33.5分、「1,000人以上」で36.5分となっている。

のである。

　また、転勤がないことも、女性、とくに配偶者や子どもがいる女性にとっては重要な要素かもしれない。夫が転勤で単身赴任することは珍しくないが、妻が単身赴任するというのは、あまり聞かない[33]。持ち家や子どもの学校のことなどを考えれば、転勤がないほうがよいと考える女性が多いだろう。その点、従業員に転勤を求める小企業は稀である。アンケートでも、転勤が「ある」と答えた小企業は、わずか2.3％にとどまった。このように、小企業は、家庭をもち、生活拠点を動かしたくない女性にとって、働きやすい環境であるといえる。

5　従業員の満足度と経営者による評価

　ここまで、さまざまな角度から女性雇用の受け皿となっている小企業の姿を明らかにしてきた。それでは、女性従業員は、小企業で働くことをどう考えているのだろうか。また、小企業の経営者は、彼女たちの働きぶりをどう評価しているのだろうか。アンケートの結果からみてみよう。

(1) 従業員自身の満足度

　まず、従業員自身が感じている、働くことに関する満足度のレベルについて、「収入」「仕事」「ワークライフバランス」の観点から確認していくことにする[34]。

33　厚生労働省「就労条件総合調査」（2004年）によると、有配偶単身赴任者がいる企業（常用労働者30人以上）は19.6％に上るが、女性の単身赴任者がいる企業は全体の0.6％にすぎない。

34　本設問は、従業員が各項目についてどの程度満足していると思うかを、経営者に尋ねている。そのため、満足度の水準は、従業員自身が回答するよりも、高めに出ている可能性はある。ただ、男性と女性、あるいは正社員と非正社員など、水準同士の比較を行うには、十分信頼性のあるデータであるといえよう。

第1章 小企業の女性雇用の実態

① 収 入

収入に「満足」している女性従業員の割合は、正社員で69.0％、非正社員で77.3％となり、いずれも男性を上回っている（図1－28）[35]。第3節で触れたように、小企業で働く女性は、男性に比べて賃金水準が低い（前掲図1－19）。にもかかわらず、収入に対する満足度が男

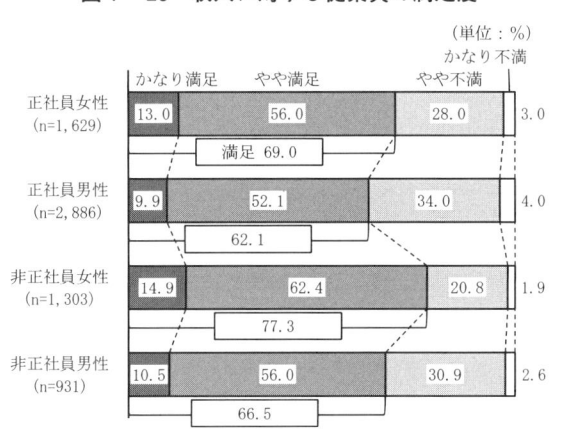

図1－28　収入に対する従業員の満足度

（単位：％）

	かなり満足	やや満足	やや不満	かなり不満
正社員女性 (n=1,629)	13.0	56.0	28.0	3.0
	満足 69.0			
正社員男性 (n=2,886)	9.9	52.1	34.0	4.0
	62.1			
非正社員女性 (n=1,303)	14.9	62.4	20.8	1.9
	77.3			
非正社員男性 (n=931)	10.5	56.0	30.9	2.6
	66.5			

（参考）収入に対する女性従業員の満足度（1カ月の給与水準別）

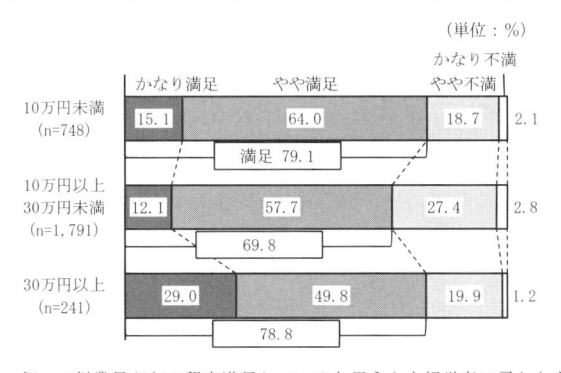

（単位：％）

	かなり満足	やや満足	やや不満	かなり不満
10万円未満 (n=748)	15.1	64.0	18.7	2.1
	満足 79.1			
10万円以上30万円未満 (n=1,791)	12.1	57.7	27.4	2.8
	69.8			
30万円以上 (n=241)	29.0	49.8	19.9	1.2
	78.8			

（注）1　個々の従業員がどの程度満足していると思うかを経営者に尋ねたもの。
　　　2　図1－19(注)2に同じ。

35　ここでは、「かなり満足」と「やや満足」を合わせて「満足」とした（以下同じ）。

性よりも高い点は、興味深い。

　働くうえで最も重視しているのは男女ともに「収入」であるとのデータを先に示した（前掲図1－21）が、求める給与水準は、男性と女性で異なっている可能性がある。女性従業員の多くは家計補助的な立場であるため（前掲図1－12(2)）、家事や育児のための時間、自由時間などを犠牲にしてまで、高い収入を得ようとは思わないのかもしれない。

　そこで、収入に対する女性従業員（正社員・非正社員計）の満足度を給与水準別に比較してみると、「満足」している人の割合は、月収「10万円未満」（79.1％）と「30万円以上」（78.8％）で、ほとんど違わなかった（図1－28参考図）。小企業は、低収入でも自分の時間を優先する女性と、自分の時間を多少犠牲にしてもより高い収入を望む女性のどちらに対しても、満足度の高い職場を提供しているといってよいだろう。

② 仕　事

　仕事に対して「満足」している女性従業員の割合は、正社員で85.4％、非正社員で85.5％となった（図1－29）。この水準は、収入に対する満足度よりも高く、いずれも男性を上回っている。また、「満足」している女性従業員（正社員・非正社員計）の割合は、女性に多い「事務職」「専門技術職」「販売職」の3職種いずれでもおおむね8割以上となっており、仕事の内容いかんにかかわらず、多くの女性従業員が満足している様子がうかがえる（図1－29参考図）。

③ ワークライフバランス

　ワークライフバランスについても、「満足」している女性従業員の割合は、正社員で80.2％、非正社員で86.0％と、両者とも男性を上回った（図1－30）。女性の就業時間が相対的に短いことを考え合わせれ

図1-29 仕事に対する従業員の満足度

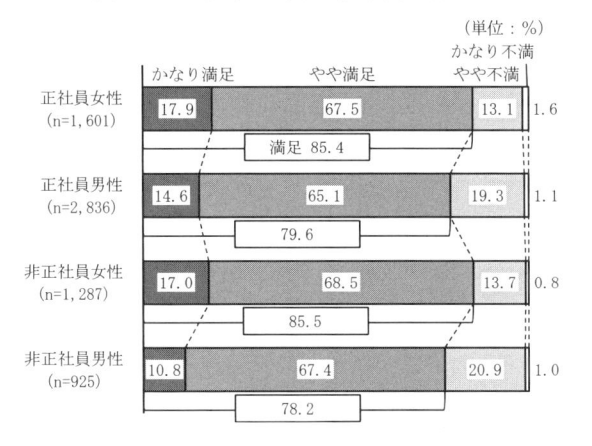

（単位：％）

区分	かなり満足	やや満足	やや不満	かなり不満	満足計
正社員女性 (n=1,601)	17.9	67.5	13.1	1.6	85.4
正社員男性 (n=2,836)	14.6	65.1	19.3	1.1	79.6
非正社員女性 (n=1,287)	17.0	68.5	13.7	0.8	85.5
非正社員男性 (n=925)	10.8	67.4	20.9	1.0	78.2

（参考）仕事に対する女性従業員の満足度（職種別）

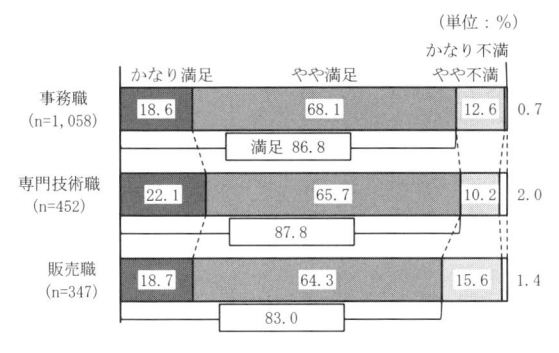

（単位：％）

区分	かなり満足	やや満足	やや不満	かなり不満	満足計
事務職 (n=1,058)	18.6	68.1	12.6	0.7	86.8
専門技術職 (n=452)	22.1	65.7	10.2	2.0	87.8
販売職 (n=347)	18.7	64.3	15.6	1.4	83.0

（注）1　図1-19（注）2、図1-28（注）1に同じ。
　　　2　参考図は、女性従業員数が多い3職種について掲載した。なお、他の6職種における「満足」の割合は、79.3～90.8％である。

ば、ある程度は想像がつく結果ではあるが、それ以外にも要因はありそうだ。実際、週間就業時間別に、ワークライフバランスに対する女性従業員（正社員・非正社員計）の満足度を比較すると、就業時間が長くなると満足度が下がる傾向にはあるものの、週間就業時間が「48時間以上」の人でも「満足」している人の割合は8割近くに上っている（図1-30参考図）。仕事への満足度の高さや、柔軟な働き方を認

図1－30　ワークライフバランスに対する従業員の満足度

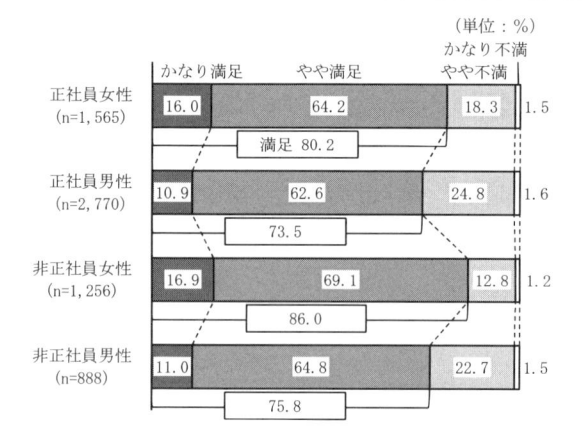

(単位:%)

	かなり満足	やや満足	やや不満	かなり不満
正社員女性 (n=1,565)	16.0	64.2	18.3	1.5
	満足 80.2			
正社員男性 (n=2,770)	10.9	62.6	24.8	1.6
	73.5			
非正社員女性 (n=1,256)	16.9	69.1	12.8	1.2
	86.0			
非正社員男性 (n=888)	11.0	64.8	22.7	1.5
	75.8			

（参考）ワークライフバランスに対する女性従業員の満足度（週間就業時間別）

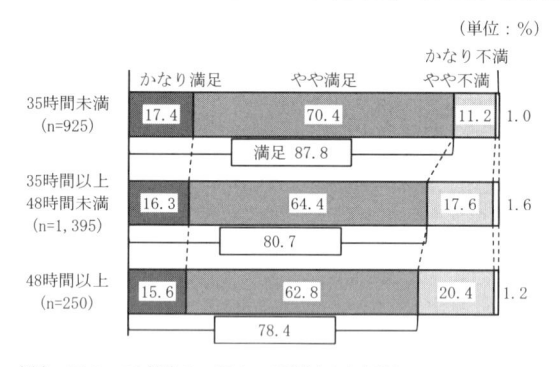

(単位:%)

	かなり満足	やや満足	やや不満	かなり不満
35時間未満 (n=925)	17.4	70.4	11.2	1.0
	満足 87.8			
35時間以上48時間未満 (n=1,395)	16.3	64.4	17.6	1.6
	80.7			
48時間以上 (n=250)	15.6	62.8	20.4	1.2
	78.4			

（注）図1－19(注)2、図1－28(注)1に同じ。

めてもらっているという実感なども、ワークライフバランスへの満足度に影響しているのではないだろうか。

(2) 経営者の評価

　続いて、経営者が女性従業員をどう評価しているのかを知るために、個々の従業員の働きぶりに関する経営者の満足度について、「勤務能力」「勤労意欲」「総合的な働きぶり」の三つの尺度からみていこう。

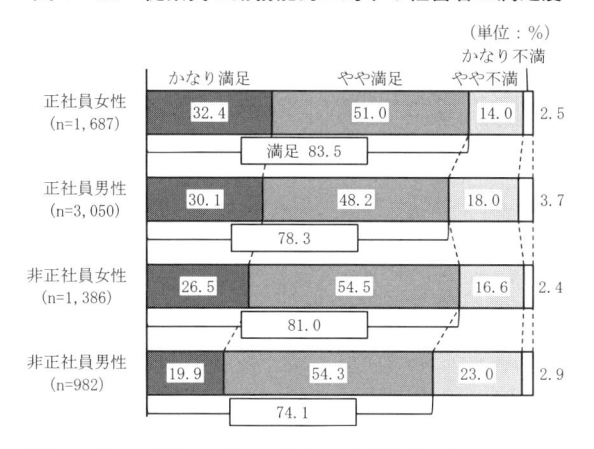

図1-31　従業員の勤務能力に対する経営者の満足度

(単位:%)

	かなり満足	やや満足	やや不満	かなり不満
正社員女性 (n=1,687)	32.4	51.0	14.0	2.5
	満足 83.5			
正社員男性 (n=3,050)	30.1	48.2	18.0	3.7
	78.3			
非正社員女性 (n=1,386)	26.5	54.5	16.6	2.4
	81.0			
非正社員男性 (n=982)	19.9	54.3	23.0	2.9
	74.1			

(注)1　個々の従業員に対する経営者の評価を尋ねたもの。
　　2　図1-19(注)2に同じ。

① 勤務能力

「勤務能力」に関して、経営者は、正社員女性の83.5%、非正社員女性の81.0%に対して「満足」している(図1-31)。この割合は、いずれも男性従業員を上回った。男性に比べて平均の勤続年数や勤務時間は短いものの、経営者は、女性従業員の勤務能力について高く評価していることがわかる。

② 勤労意欲

「勤労意欲」についても、経営者は、正社員女性の84.0%、非正社員女性の80.7%に対して「満足」している。これも、「勤務能力」同様、いずれも男性を上回った(図1-32)。女性従業員は、収入、仕事、ワークライフバランスに対する満足度が相対的に高い。それが、勤労意欲の高さにもつながっているとも考えられる。

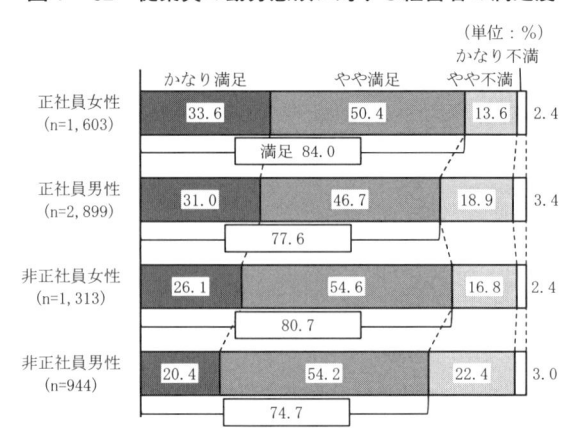

図1-32　従業員の勤労意欲に対する経営者の満足度

(単位：%)

	かなり満足	やや満足	やや不満	かなり不満
正社員女性 (n=1,603)	33.6	50.4	13.6	2.4
正社員男性 (n=2,899)	31.0	46.7	18.9	3.4
非正社員女性 (n=1,313)	26.1	54.6	16.8	2.4
非正社員男性 (n=944)	20.4	54.2	22.4	3.0

満足　正社員女性 84.0、正社員男性 77.6、非正社員女性 80.7、非正社員男性 74.7

(注)　図1-19(注)2、図1-31(注)1に同じ。

③　総合的な働きぶり

「総合的な働きぶり」に関しても同様に、経営者は正社員女性の83.3％、非正社員女性の80.0％に対して満足しており、いずれも男性を上回る結果となった（図1-33）。「勤務能力」と「勤労意欲」を合わせたものが「総合的な働きぶり」であると考えれば、うなずける結果である。

さらに、女性従業員の属性別データをみてみたい。まず、年齢別では、「65歳以上」の女性従業員に対する経営者の満足度が87.7％と最も高かった[36]。一般に大企業ならば退職している年齢だが、その働きぶりは若い世代に比べても決して劣っていないと評価されていることがわかる。次に、小学生以下の子どもの有無別にみると、子どもがいる場合でもいない場合でも、経営者の満足度にはほとんど差がなかった[37]。

36　「65歳以上」の女性従業員の87.7％に対して、経営者は「満足」していると回答した。そのほか、「15～24歳」は67.0％、「25～34歳」は79.4％、「35～44歳」は85.3％、「45～54歳」は84.6％、「55～64歳」は82.1％となった。

37　「子どもあり」が82.6％、「子どもなし」が81.7％。

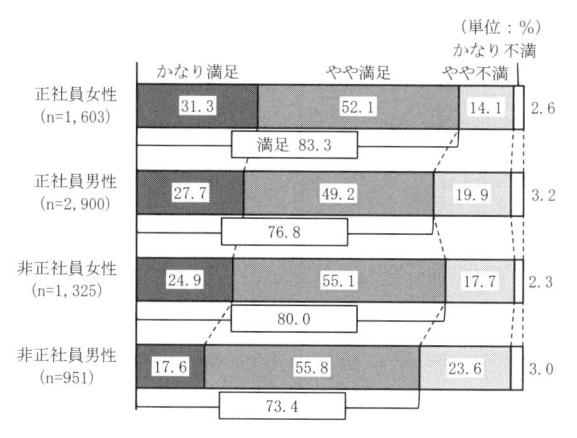

図1-33　従業員の総合的な働きぶりに対する経営者の満足度

（単位：％）

	かなり満足	やや満足	やや不満	かなり不満
正社員女性 (n=1,603)	31.3	52.1	14.1	2.6
正社員男性 (n=2,900)	27.7	49.2	19.9	3.2
非正社員女性 (n=1,325)	24.9	55.1	17.7	2.3
非正社員男性 (n=951)	17.6	55.8	23.6	3.0

満足　正社員女性 83.3、正社員男性 76.8、非正社員女性 80.0、非正社員男性 73.4

（注）　図1-19（注）2、図1-31（注）1に同じ。

育児中の女性であっても、働きぶりが劣っているわけではないということだ。

　以上のアンケート調査結果からは、女性従業員が積極的に小企業を選択したのか、また小企業が積極的に女性従業員を選択したのかは、判然としない。給与水準の面で小企業が大企業に及ばないことはまぎれもない事実であることから、本当は大企業に勤務したかったが、雇ってもらえなかったので小企業で働いているという女性も、なかにはいるだろう。求人に応募してきたのがたまたま女性だけだったという小企業もあるかもしれない。それでも、結果として両者がともに満足しているケースが少なからずみられる点は、一定の評価を与えることができるのではないだろうか。

6　女性雇用における小企業の存在意義

　最後に、本章の要点をまとめておきたい。
　第1に、小企業における女性従業員の割合は、家族従業員を除いた

としても、大企業と同程度の水準にある。ただし、その割合には、業種や経営者の性別などによって違いがみられる。

　第2に、小企業は、高年齢者、家計補助のために働く既婚者、育児中の人、大企業の勤務経験者、柔軟な就業形態を望む人、自宅近くで働きたい人など、多様な女性の雇用の受け皿となっている。また、大企業に比べて賃金水準は低いものの、管理職や正社員に女性を多く登用している。

　第3に、小企業が女性の多様な雇用の受け皿となりうる要因として、「人材評価の基準」と「就業ニーズへの対応」に関する二つの柔軟性、「従業員と経営者」と「住居と職場」の二つの近接性といった、小企業ならではの特徴が挙げられる。

　第4に、小企業で働く女性は、賃金水準、職種、就業時間の長短を問わず、収入や仕事、ワークライフバランスに対する満足度は高い。一方、小企業の経営者も、女性の働きぶりを高く評価している。

　最近は、女性の活躍を促すさまざまな企業の取り組みが新聞やテレビなどに取り上げられるが、その多くは大企業によるものである。だが、女性の多様な就業ニーズを大企業だけで満たせるわけではないことは、本章で示した数々のデータが物語っている。

　女性が労働市場や消費市場で存在感を増し、その活躍の場が広く求められている今こそ、小企業の存在に目を向けたい。1社1社は小さくても、大企業と異なる形で就労の場を提供することにより、小企業は女性の雇用に一定の役割を果たしているといってよいのではないだろうか。

〈参考文献〉
リクルートワークス研究所（2010）「第27回ワークス大卒求人倍率調査（2011年卒）」リクルートワークス研究所ホームページ
労働政策研究・研修機構（2009）「中小企業の雇用管理と両立支援に関する調査結果」労働政策研究・研修機構ホームページ

第2章
小企業で働く女性家族

総合研究所　上席主任研究員

深沼　光

第2章 小企業で働く女性家族

1 はじめに

　第1章では、小企業と雇用・被雇用の関係にある女性従業員について、詳しく論述してきた。一方、小企業を語るうえで忘れてはならないのが、ともに働く家族、特に女性の家族従業員の存在である。テレビのドラマやドキュメンタリーに登場する小さな飲食店や町工場などで、男性経営者と一緒になって働く妻や子どもたちの姿が映し出されるケースは少なくない。石井（1996）は、「家族は、わが国の小売業を理解するうえで不可欠の要因である。妻は無給で主人の商売を手伝い、息子は商売を後継する。（中略）まさに家族関係こそが、わが国の小売業を支えてきた」(p.32)と記している。また、坂田（2006）は、フィールドワークをもとに、小売店における経営者の配偶者の、経営面や生活面での貢献や、経営者夫婦のパートナーシップの重要性について言及している（pp.169-177）。こうした指摘は、小売業に限らず、身近な小企業をみたときの実感からも、納得できるものであろう。

　ただ、女性の働き方の多様化や企業自体の減少によって、家族従業員として働く女性の数は、以前に比べるとかなり少なくなってきている。総務省「労働力調査」によると、非農林水産業において、自営業主のもとで働く家族従業員は、1985年には331万人で、そのうち269万人が女性だった。これが、2010年には115万人、そのうち女性は92万人と、大幅に減少している[1]。この間、自営業主の数も593万人から458万人へと減少しているものの、家族従業員の減少スピードのほうが速く、自営業主1人当たりの家族従業員数は0.56人から0.25人[2]へと

---

[1] 家族従業員が非農林水産業の就業者に占める割合も、1985年の6.2％から2010年には1.9％へと低下している。女性に限れば、13.0％から3.6％への低下である。
[2] 従業員数のデータは、本章以外では基本的に小数第1位までで示したが、1企業当たりの家族従業員の人数が少ないため、本章では官庁統計、アンケート結果とも小数第2位まで表示する。

半分以下になっている[3]。

　厳密にいえば、この数字はあくまで自営業主のもとで働く同居の無給の家族である。法人経営の場合は、同様に家族が働いていたとしても、官庁統計では従業員や役員に分類されることになる。したがって、家族従業員の実態を示すものとしては、必ずしも正確ではない。とはいえ、個人経営が小さな企業の一定部分を占めることを考えれば[4]、このように家族従業員という働き方が以前よりは少なくなっていることは間違いないであろう。

　もっとも、個別の小企業の視点からみれば、特に小さな規模で、家族従業員の果たす役割は依然として大きいといってもよい[5]。国民生活金融公庫総合研究所編（2008）によれば、小企業の従業者のうち12.3％が家族従業員であった（p.8）[6]。深沼（2011）では、最近の新規開業企業においても、家族従業員が一定の割合で存在していることを示した。また、同一規模でとらえれば、家族以外の従業員のみを雇用しているより、家族従業員とともに稼働している企業のほうが、採算状況が良い傾向にあることを指摘している。

　今回のアンケート調査では、こうした先行研究にならい、法人、個人を問わず家族従業員を、「経営者と生計を同一にする家族のうち当該事業に従事する者」と定義した。そのうえで、過去の調査にはない

---

[3]　石井（1996）も、「商業統計表」のデータをもとにした推定値から、1980年代後半以降小売業において家族従業員が減少していると指摘している（p.114）。

[4]　既存の小企業を対象とした本章で使用したアンケート調査では、調査時点で34.7％が個人経営、65.3％が法人経営、新規開業企業を対象とした深沼（2011）で使用した日本政策金融公庫総合研究所「2009年度新規開業実態調査（特別調査）」では、開業時点で59.2％が個人経営、40.8％が法人経営であった。

[5]　石井（1996）は、小規模な小売店を分析したうえで、「わが国の家族従業制度が、欧米諸国と同じように（中略）消滅していくという意見には納得しがたいものがある」（p.203）と記している。

[6]　家族従業員の詳細については分析していない。なお、サンプルは後述する今回のアンケートと同様、国民生活金融公庫（現・日本政策金融公庫国民生活事業）の取引先であることから、従業者に占める家族従業員の割合もほぼ同じである。

家族経営者に関する設問を多数設けている。これらデータを用いながら、本章では、企業や経営者の属性と家族従業員の存在の関係性、経営者と家族従業員の続き柄や、働き方の特徴などについて、全体像をみていくとともに、そのなかでも特に女性の家族が果たしている役割に注目して分析する。

2 どのような小企業で家族が働いているのか

(1) 企業規模別

　まず、家族従業員がどのくらい小企業で働いているのか、アンケート調査の結果から再確認してみる。第１章では経営者１人だけで稼働している企業と、経営者と家族従業員で稼働し家族以外の従業員のいない企業は集計から除外したが、本章では、これらの企業を含んだ4,003社について分析を行う（前掲図１－１参照）[7]。

　アンケート回答先の従業者数は平均8.16人で、内訳は、経営者本人のほか、家族従業員が0.95人、正社員が4.04人、非正社員が2.17人となっている（表２－１）[8]。家族従業員に限ってみれば、女性は0.65人で68.2％を占め、男性は0.30人であった。なお、家族従業員の数は労働統計と比べるとかなり多い。これは、調査対象が日本政策金融公庫国民生活事業の融資先であるため、事業活動にあまり資金を必要としない１人で稼働している個人経営の企業がサンプルのなかで相対的に少ないこと、個人経営よりは規模の大きい法人経営の企業が含まれてい

7　個人経営の企業を含む。
8　経営者１人だけの企業、経営者と家族だけの企業は、家族以外を雇用している企業より規模が小さいため、平均従業者数は第１章における分析対象企業の10.5人（前掲図１－２参照）と比べて少なくなる。このほか、サンプルが異なるため、従業員の属性などに関するデータも、本章以外とは必ずしも一致しないことに注意する必要がある。

表2－1　従業者規模別にみた従業員数（1企業当たり平均）

(単位：人、％)

属性	全体	1人	2～4人	5～9人	10～19人	20人以上
経営者	1.00	1.00	1.00	1.00	1.00	1.00
家族従業員 （従業者数に占める割合）	0.95 (11.6)	— (—)	0.96 (33.5)	1.14 (17.1)	1.14 (8.7)	1.11 (3.1)
男性	0.30	—	0.24	0.39	0.42	0.42
女性 （家族従業員に占める割合）	0.65 (68.2)	— (—)	0.72 (74.7)	0.74 (65.6)	0.72 (63.3)	0.70 (62.7)
正社員	4.04	—	0.55	3.03	7.62	20.64
非正社員	2.17	—	0.36	1.46	3.40	12.71
合計	8.16	1.00	2.87	6.62	13.16	35.47
回答企業数（N）	4,003	433	1,470	1,118	638	344

資料：日本政策金融公庫総合研究所「企業経営と従業員の雇用に関するアンケート」（2010年）
　　　（以下同じ）

ることが、要因と考えられる[9]。

　ここで、家族従業員の数を従業者規模別にみると、従業者数「2～4人」では平均0.96人だったのが、「5～9人」では1.14人と、わずかながら多くなる[10]。ただ、「10～19人」では1.14人、「20人以上」では1.11人と、それ以上規模が大きくなっても変化はみられない。これは家族従業員の要件となっている、家計を同一とする家族で、かつ継続的に働くことのできる状況にある人の数に限りがあるからと考えられる。

　家族従業員の数を性別・規模別にみると、女性の家族従業員は「2～4人」で0.72人、「5～9人」で0.74人などとなっており、規模による

---

[9] 総務省「労働力調査」の2010年のデータでは、自営業主のうち有雇業主（家族以外の有給従業員を雇用している自営業主）は30.1％、無雇業主（本人または家族従業員のみ）は69.9％となっている。本稿で使用したアンケートでは、それぞれ対応する数値は72.7％、27.3％であり、小規模な層がサンプルから抜け落ちていることが推測される。また、個人経営の企業の従業者数は平均3.61人、家族従業員は平均0.86人であるのに対し、法人経営の企業ではそれぞれ10.58人、0.99人であった。

[10] 従業者には経営者を含むため、従業者数が1人の企業は経営者だけで稼動していることになり、家族従業員は0人となる。

違いはあまり観察できない。これに対し、男性の人数は、「2～4人」で0.24人、「5～9人」で0.39人、「10～19人」「20人以上」では0.42人となっており、事業規模が大きくなるにつれて多くなる傾向にある。これは、息子が家族従業員となるケースが規模拡大に伴って増えるためである。こうした結果、家族従業員に占める女性の割合は、「2～4人」で74.7％となるなど、規模の小さい企業ほど高くなっている。

次に、家族従業員と家族以外の従業員の有無によって分けた従業員構成のパターンをみてみよう。サンプルとなった小企業全体では、経営者が1人だけで稼働している「経営者のみ」の企業は10.8％であった（図2－1）。経営者のほかには家族従業員だけが働いている「家族のみ」の企業は16.5％、家族従業員と家族以外の従業員の両方がいる「家族と家族以外」は45.0％で、合わせて61.5％の企業で家族従業員が働いている。一方、家族以外の従業員しかいない「家族以外のみ」の企業は27.7％と、家族従業員がいる企業の半数以下であった。

従業者規模別でみると、「2～4人」では「家族のみ」が44.3％と半数近くを占め、「家族と家族以外」の29.5％を合わせると、家族従業員が働いている企業は73.8％に達する。これが「5～9人」になると、「家族のみ」は0.9％とかなり少数派となるものの、「家族と家族以外」の68.0％と合わせた家族従業員のいる企業は68.9％に上っている。なお、「10～19人」では62.7％、「20人以上」では59.9％と、規模が大きくなるとその割合はやや下がるが、過半の企業で家族従業員が存在するという状況に変わりはない[11]。

このように、規模が拡大するにつれて従業者全体に占める家族従業員のウエートは低下するとはいえ、どの規模の小企業でも、一定数の家族従業員が働いていること、そうした家族従業員のうちの多数を女性が占めていることがみて取れる。

---

11 「10～19人」「20人以上」では「家族のみ」は0.0％となるため、家族従業員がいる企業の割合は「家族と家族以外」の割合と一致する。

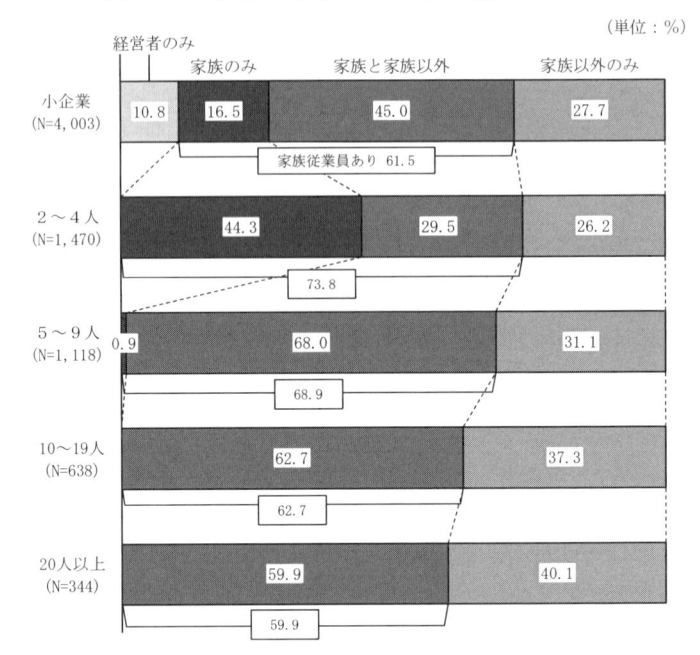

図2－1　従業者規模別にみた従業員構成パターン

(単位：％)

	経営者のみ	家族のみ	家族と家族以外	家族以外のみ
小企業 (N=4,003)	10.8	16.5	45.0	27.7
2～4人 (N=1,470)		44.3	29.5	26.2
5～9人 (N=1,118)	0.9		68.0	31.1
10～19人 (N=638)			62.7	37.3
20人以上 (N=344)			59.9	40.1

家族従業員あり　小企業 61.5／2～4人 73.8／5～9人 68.9／10～19人 62.7／20人以上 59.9

(注)　従業者数が「1人」の企業（N=433）は経営者1人だけで稼働しているため、「経営者のみ」が100.0％を占める。グラフへの記載は省略したが、全体には含まれている。

(2) 業種別

　業種別に家族従業員数の平均をみると、「製造業」の1.20人、「小売業」の1.14人、「飲食店、宿泊業」の1.02人の順に多くなっている（表2－2）。そのうち女性は、それぞれ0.74人（61.4％）、0.81人（70.7％）、0.74人（72.7％）と大きなウエートを占めている[12]。また、家族従業員のいる企業の割合も、「製造業」で67.8％、「小売業」で72.1％、「飲食店、宿泊業」で68.3％と、これら業種では他よりも高い。小規模な町

12　家族以外の従業員に占める女性の割合が高い業種で、家族従業員の女性割合も高くなる傾向がみられた（相関係数は0.63、「その他」の業種を除く集計）。これは、女性家族が女性従業員を代替していることを示しているのかもしれない。

表2－2 業種別にみた従業員数（1企業当たり平均）

(単位：人、％)

属　性	製造業	小売業	飲食店、宿泊業	建設業	卸売業	個人向けサービス業
経営者	1.00	1.00	1.00	1.00	1.00	1.00
家族従業員 (従業者数に占める割合)	1.20 (11.9)	1.14 (16.3)	1.02 (13.1)	0.97 (12.9)	0.92 (12.4)	0.87 (10.4)
男　性	0.46	0.33	0.28	0.35	0.29	0.22
女　性 (家族従業員に占める割合)	0.74 (61.4)	0.81 (70.7)	0.74 (72.7)	0.62 (63.9)	0.63 (68.3)	0.65 (75.2)
正社員	5.63	2.05	1.41	4.25	4.08	3.39
非正社員	2.24	2.83	4.30	1.29	1.38	3.15
合　計	10.06	7.02	7.73	7.51	7.37	8.41
「家族従業員あり」企業の割合	67.8	72.1	68.3	62.2	58.2	62.0
回答企業数（N）	484	764	249	744	450	171

属　性	医療、福祉	運輸業	事業所向けサービス業	教育、学習支援業	不動産業	情報通信業
経営者	1.00	1.00	1.00	1.00	1.00	1.00
家族従業員 (従業者数に占める割合)	0.82 (8.4)	0.73 (4.8)	0.72 (8.7)	0.71 (8.7)	0.67 (16.4)	0.34 (2.6)
男　性	0.15	0.22	0.21	0.21	0.18	0.10
女　性 (家族従業員に占める割合)	0.66 (81.1)	0.51 (69.8)	0.51 (71.1)	0.50 (70.8)	0.48 (72.4)	0.24 (69.4)
正社員	3.95	11.08	4.91	1.62	1.71	9.88
非正社員	3.92	2.30	1.68	4.82	0.70	2.09
合　計	9.68	15.11	8.31	8.15	4.07	13.30
「家族従業員あり」企業の割合	64.6	50.8	51.9	50.0	48.9	27.6
回答企業数（N）	130	132	495	34	174	105

(注) 「その他」の業種は記載を省略。

　工場、商店、飲食店などで、家族、特に女性家族が経営者とともに働いている様子が目につくことが、データからも読み取れるだろう。
　それ以外の業種でも、家族従業員の人数は0.7人から1.0人程度、そのうち女性は0.5人から0.7人程度で、女性割合も6～8割となってい

る。また、家族従業員のいる企業も、おおむね半数を超えている。

例外は「情報通信業」である。家族従業員の人数は平均で0.34人、そのうち女性は0.24人（69.4％）で、家族従業員のいる企業も27.6％にとどまる。女性割合こそ他の業種と変わらないが、人数はかなり少ない。加えて、平均従業者数は13.30人と他の業種に比べてかなり多いことから、家族従業員のプレゼンスが際立って小さい業種であるといえる。アンケートのデータから明確に読み取ることはできないが、仕事の専門性が極めて高く、家族が補助的に手伝うことのできる分野が限られることが、こうした結果の一因と推測される。

（3）業歴別

次に、企業の業歴と家族従業員の関係をみてみよう。まず、家族従業員の人数をみると、業歴「4年以下」の企業では平均0.49人、「5～9年」では0.56人であるものが、「10～19年」では0.74人、「20～29年」では0.89人、「30年以上」では1.22人と、業歴が長くなるほど多くなった（表2－3）。そのうち女性は、「4年以下」では0.37人で家族従業員全体の75.0％、「5～9年」では0.45人で81.3％、「10～19年」では0.54人で73.6％などとなっており、やはり業歴が長くなるにつれて人数が増えているほか、どの業歴の層をみても男性の割合を大きく上回っている[13]。また、家族従業員のいる企業の割合も、「4年以下」で38.2％、「5～9年」で43.8％、「10～19年」で54.4％など、業歴が長くなるとともに高くなっている[14]。

こうした現象は、業歴によるものではなく、企業が開業した年代によって家族構成や家族の働き方に対する考えが違うなど、時代背景が異なることによるものではないかという反論も考えられる。これを確かめるため、日本政策金融公庫総合研究所「新規開業実態調査」から、

---

13 「20～29年」は0.63人（71.3％）、「30年以上」は0.78人（64.0％）。
14 「20～29年」は62.2％、「30年以上」は71.3％。

表2-3　業歴別にみた従業員数（1企業当たり平均）

(単位：人、％)

属　性	4年以下	5～9年	10～19年	20～29年	30年以上
経営者	1.00	1.00	1.00	1.00	1.00
家族従業員 （従業者数に占める割合）	0.49 (7.9)	0.56 (7.1)	0.74 (10.3)	0.89 (11.6)	1.22 (13.3)
男　性	0.12	0.10	0.19	0.26	0.44
女　性 　（家族従業員に占める割合）	0.37 (75.0)	0.45 (81.3)	0.54 (73.6)	0.63 (71.3)	0.78 (64.0)
正社員	2.74	3.49	3.19	3.88	4.76
非正社員	1.97	2.77	2.26	1.88	2.15
合　計	6.20	7.82	7.19	7.65	9.12
「家族従業員あり」 企業の割合	38.2	43.8	54.4	62.2	71.3
回答企業数（N）	212	434	780	792	1,785

　新規開業企業の開業時の家族従業員数をみてみると、1991年度調査では0.46人、2000年度調査では0.58人と、同時期に開業した企業である業歴「10～19年」の0.74人と比べると少なかった[15]。業歴の長い企業に開業当初から現在と同程度の家族従業員がいたわけではないようだ。このことから、当時の新規開業企業をそのまま追ったものではないため厳密ではないものの、業歴が長くなり経営が安定するにつれて、徐々に家族が事業に加わっているということが推測されよう[16]。

(4) 経営者の性別・年齢別

　経営者が男性の場合の家族従業員数は平均0.97人で、そのうち女性が0.68人、男性は0.29人であった（表2-4）。アンケート回答企業の経営者の約9割が男性ということもあり、傾向は小企業全体とほぼ同

15　調査時点で開業から平均後1年ほど経過しているため、おおよその開業時期は、それぞれ今回のアンケートの11年前、20年前となる。データは深沼（2011）で再編加工されたものである。
16　開業後間もない企業のデータをみても、開業後の4年間で、家族従業員の人数は多くなり、家族従業員のいる企業の割合も高まっている（深沼、2011）。

表2－4　経営者の性別にみた従業員数（1企業当たり平均）

(単位：人、％)

属　性	男性経営者	女性経営者
経営者	1.00	1.00
家族従業員 （従業者数に占める割合）	0.97 (11.7)	0.70 (10.6)
男　性	0.29	0.44
女　性 （家族従業員に占める割合）	0.68 (70.1)	0.27 (37.9)
正社員	4.18	2.37
非正社員	2.14	2.58
合　計	8.29	6.65
「家族従業員あり」 企業の割合	62.9	44.8
回答企業数（N）	3,684	319

じである。一方、経営者が女性の場合の家族従業員は平均0.70人とやや少なく、そのうち女性は0.27人で、男性の0.44人を下回っている。このように家族従業員に異性が多いのは、後述のとおり配偶者が家族従業員のなかで大きなウエートを占めるためである。

　家族従業員のいる割合も、経営者が男性の場合は62.9％、女性の場合は44.8％と、男性のほうが高くなった。女性経営者は「従業員なし」が18.8％と男性経営者の10.1％に比べると多いものの、経営者以外に働いている人がいる企業に限ってみても、家族従業員のいる割合は男性経営者のほうが高くなっている[17]。これは、女性経営者の夫はサラリーマンとして働いていたり、自ら事業を行ったりしているケースが多いためと推測される。

　次に、経営者の年齢別に家族従業員の数をみると、「34歳以下」の平均0.87人（うち女性0.63人）から、「55～64歳」の0.90人（うち女性0.62人）までは、合計人数、女性の人数ともにほぼフラットである（表2－

17　「従業員なし」を除いた場合の家族従業員のいる割合は、男性経営者70.0％、女性経営者55.2％。

表2－5　経営者の年齢別にみた従業員数（1企業当たり平均）

(単位：人、%)

属　性	34歳以下	35～44歳	45～54歳	55～64歳	65歳以上
経営者	1.00	1.00	1.00	1.00	1.00
家族従業員 （従業者数に占める割合）	0.87 (14.0)	0.74 (9.0)	0.85 (10.8)	0.90 (10.9)	1.20 (14.3)
男　性	0.24	0.20	0.22	0.28	0.45
女　性 （家族従業員に占める割合）	0.63 (72.7)	0.54 (72.9)	0.63 (74.6)	0.62 (68.8)	0.75 (62.4)
正社員	2.76	3.86	3.75	4.09	4.35
非正社員	1.62	2.56	2.25	2.28	1.83
合　計	6.25	8.16	7.84	8.27	8.37
「家族従業員あり」 企業の割合	54.0	51.6	59.3	61.3	68.2
回答企業数（N）	63	436	883	1,575	1,046

5）。ただ経営者が「65歳以上」になると合計で1.20人となり、女性の家族従業員も0.75人とやや増加する。これは後述のとおり、後継者や勤めを引退した配偶者が事業に加わっていることが要因と考えられる。

3　家族従業員の属性

　ここまでは、家族従業員の状況を、企業や経営者の属性を切り口としてみてきた。続いて第3節以降では、個々の家族従業員の属性や働き方などについて詳細に検討する。アンケートでは、それぞれの家族従業員について、年齢、性別、経営者との続き柄、管理職か否か、短時間勤務か否かを、経営者に質問した。ここでは、これらの設問すべてに回答を得られた2,658人の家族従業員を対象に分析していく[18]。

18　無回答が含まれるケースを除外したため、集計結果は第2節の企業別集計とは必ずしも一致しない。ただし、例えば家族従業員に占める女性の割合は、第3節のデータでは70.2％、第2節のデータでは68.2％となるなど、傾向としては大きな違いはなく、サンプルが異なることによる決定的な結論の相違はないものと考えられる。

(1) 性別と年齢

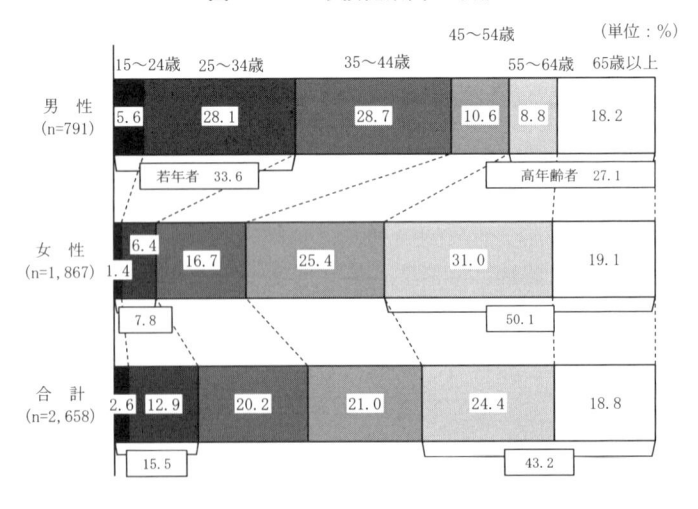

　家族従業員の年齢を男女別にみてみると、その分布は大きく異なる。男性の家族従業員では、「15〜24歳」が5.6％、「25〜34歳」が28.1％で、これらを合わせた若年者は33.6％となった（図2－2）。これは、家族以外の男性従業員の29.7％と、ほぼ同じである（前掲図1－10）[19]。「35〜44歳」の割合も、家族従業員が28.7％、家族以外の従業員が26.2％と、ここまでの年齢分布は家族かどうかによって大きな差はみられない。ただ、家族従業員では「44〜54歳」が10.6％、「55〜64歳」が8.8％と家族以外の従業員よりも構成比が低く[20]、一方で「65歳以上」は18.2％と、家族以外の従業員の7.2％に比べてかなり高くなっている。これは、普通なら定年になるような年齢になっても働き続けている男性家族従業員が、相対的に多いことを意味している。他の企業

図2－2　家族従業員の年齢

（単位：％）

	15〜24歳	25〜34歳	35〜44歳	45〜54歳	55〜64歳	65歳以上
男　性（n=791）	5.6	28.1	28.7	10.6	8.8	18.2
女　性（n=1,867）	1.4	6.4	16.7	25.4	31.0	19.1
合　計（n=2,658）	2.6	12.9	20.2	21.0	24.4	18.8

男性：若年者 33.6／高年齢者 27.1
女性：7.8／50.1
合計：15.5／43.2

19　以下、家族以外の従業員の年齢分布は前掲図1－10による。
20　家族以外の男性従業員は、「44〜54歳」18.2％、「55〜64歳」18.7％。

で働いていた男性家族が、定年をきっかけに家族従業員として事業に加わるケースもあると考えられる。

次に、女性の家族従業員をみると、「15～24歳」が1.4％、「25～34歳」6.4％で、若年者の割合は7.8％にとどまる一方、「55～64歳」が31.0％、「65歳以上」が19.1％で、高年齢者の合計は50.1％と全体のほぼ半数を占めている。また、家族以外の女性従業員は、若年者が33.7％、高年齢者24.6％で、家族従業員のほうがはるかに年齢層が高くなっている。さらに、男性の家族従業員と比べても、年齢の高い人のウエートが大きいことがみて取れる。

こうしたデータから、小企業における家族従業員、とりわけ女性の家族従業員は、一般の労働市場ではすでに引退しているような年代であっても、生産活動に従事できているということがうかがえる。

(2) 経営者との続き柄

次に経営者と家族従業員の続き柄をみてみよう。全体でみると、家族従業員の半数以上に当たる55.3％が「配偶者」であった（表2－6）[21]。そのうちのほとんどが男性経営者の妻で、全体の53.4％を占めている。一方、女性経営者の夫は1.8％と少数派だ。

続いて多いのは、経営者の「子」の26.4％である。男女別では男性が19.2％、女性が7.2％と、息子のウエートが娘を大きく上回っている。そのほか、「父母」が10.3％、「兄弟等」が8.0％となったが、これらの男女のウエートは、ほぼ同じであった。

これを経営者の性別にみてみよう。小企業の経営者は男性が圧倒的に多いため、経営者が男性の場合の傾向は、「配偶者」が56.6％、「子」

21　割合は、家族従業員数の合計（2,658人）を100.0％としたものであり、家族従業員のいる企業のうち55.3％で配偶者が働いているという意味ではない。家族が複数働く企業もあるため、家族従業員のいる企業の数は家族従業員数より少ない。従って、家族従業員のいる企業のうち配偶者が働いているところの割合は55.3％より高くなる。

表2−6　家族従業員の経営者との続き柄（経営者・家族従業員の性別）

(単位：％)

属　性	全　体	男性経営者	女性経営者
配偶者	55.3	56.6	33.3
男性（夫）	1.8	—	33.3
女性（妻）	53.4	56.6	—
子	26.4	25.3	44.9
男性（息子）	19.2	18.8	25.9
女性（娘）	7.2	6.5	19.0
父　母	10.3	10.6	6.1
男性（父）	4.6	4.7	2.7
女性（母）	5.8	5.9	3.4
兄弟等	8.0	7.6	15.6
男　性	4.1	4.0	6.8
女　性	3.9	3.6	8.8
合　計	100.0	100.0	100.0
男　性	29.8	27.5	68.7
女　性	70.2	72.5	31.3
回答人数（n）	2,658	2,511	147

(注) 1　「兄弟等」は、「兄弟・姉妹」「その他」の合計。
　　 2　それぞれ義理の関係を含む。

が25.3％などと、全体とあまり変わらない。

　一方、経営者が女性の場合は、「配偶者」つまり夫は、家族従業員全体の33.3％とやや少なく、「子」が44.9％で最も高い割合となっている。そのうち、男性は25.9％、女性は19.0％で、やはり息子のほうが娘より多いものの、経営者が男性の場合に比べるとその差は小さい。

　こうした結果は、女性経営者の夫は、妻の事業を手伝うよりも外で働くことを選択しているという傾向の表れであろう。夫が何からの理由で引退して妻が事業を引き継ぎ、子どもが家族従業員としてそれをサポートしているというケースも想定される。

　ここで、経営者の年齢別にどのような続き柄の家族従業員が働いているのかみてみよう。まず第1にいえるのは、「配偶者」の占める割

第2章　小企業で働く女性家族

表2－7　家族従業員の経営者との続き柄（経営者の年齢・家族従業員の性別）

(単位：%)

属　性	34歳以下	35～44歳	45～54歳	55～64歳	65歳以上
配偶者	31.3	54.9	63.5	59.1	45.9
男性（夫）	0.0	3.1	1.6	1.8	1.8
女性（妻）	31.3	51.8	61.9	57.3	44.1
子	4.2	1.6	9.3	31.2	42.2
男性（息子）	2.1	1.2	6.7	22.9	30.6
女性（娘）	2.1	0.4	2.6	8.3	11.6
父　母	50.0	34.6	20.0	4.0	1.0
男性（父）	18.8	16.7	9.5	1.2	0.5
女性（母）	31.3	17.9	10.5	2.8	0.5
兄弟等	14.6	8.9	7.2	5.7	10.9
男　性	6.3	5.4	4.9	3.2	4.3
女　性	8.3	3.5	2.3	2.6	6.6
合　計	100.0	100.0	100.0	100.0	100.0
男　性	27.1	26.5	22.6	29.0	37.2
女　性	72.9	73.5	77.4	71.0	62.8
回答人数（n）	48	257	570	1,009	774

（注）　表2－6に同じ。

合がどの年齢層でも高いことだ（表2－7）。「34歳以下」では未婚の人が相対的に多かったり、結婚していても配偶者[22]が育児に忙しかったりするためか「父母」の50.0％に続く2番手だが、「35～44歳」では54.9％、「45～54歳」では63.5％と、割合を高めており、「55～64歳」でも59.1％と高い水準を維持している。こうした動きは、子育てが一段落した男性経営者の妻が家族従業員として働いているケースが多いことを示唆していると考えられる。さらに高い年齢層の「65歳以上」では45.9％とやや割合が下がるものの、配偶者はどの年齢層でも家族従業員として重要な位置を占めているといえるだろう。

次に、「父母」の動きをみてみると、前述のとおり経営者の年齢が

22　経営者の大半が男性であるため、ここではその妻の状況を想定している。

「34歳以下」では家族従業員全体の半数を占めているが、「35～44歳」では34.6％、「45～54歳」では20.0％と経営者の年齢が高まるにつれて割合は低くなっていく。

　逆に経営者の年齢が高くなるとともにウエートを高めるのは「子」で、経営者が「45～54歳」では9.3％にとどまっているが、「55～64歳」では31.2％、「65歳以上」では42.2％に上る。

　今回のアンケート調査では、家族従業員が前の経営者であったかどうか、あるいは後継予定者であるかは尋ねてはいない。しかし、まず子どもが、両親のいずれかが経営する企業に家族従業員として従事して、その後経営者となり、代わりに前経営者は家族従業員になるという世代交代の様子が、このデータから垣間みえる[23]。

4　家族従業員の働き方

　次に、家族従業員がどのように働いているのか、男女別にみていくことにする。まず、勤務時間からみてみよう。週間就業時間35時間未満の短時間勤務であった家族従業員は、男性18.6％、女性44.8％で、女性の家族従業員の半数近くが勤務時間のうえでは補助的な働き方をしていることがみて取れる（図2－3）。

　ここで、年齢別に詳しくデータをみてみよう。まず男性家族従業員の短時間勤務者の割合は、「15～24歳」で22.7％とやや高いものの、「25～34歳」で12.2％、「35～44歳」で6.6％、「45～54歳」で10.7％と、壮年世代のほとんどが短時間勤務者ではないフルタイムの形態で働いているようだ。これが、「55～64歳」では18.6％、「65歳以上」では50.7％となっており、一般企業の勤務者が定年を迎えるのとほぼ同じ年齢層

23　こうした企業の事例は多数みられる。例えば、社長がサラリーマンを辞め家族従業員として父（現在は会長で当時は社長）の事業に参加した㈲原田左官工業所（事例編⑤）もそうである。同社では、社長の母（会長の妻）も働いている。

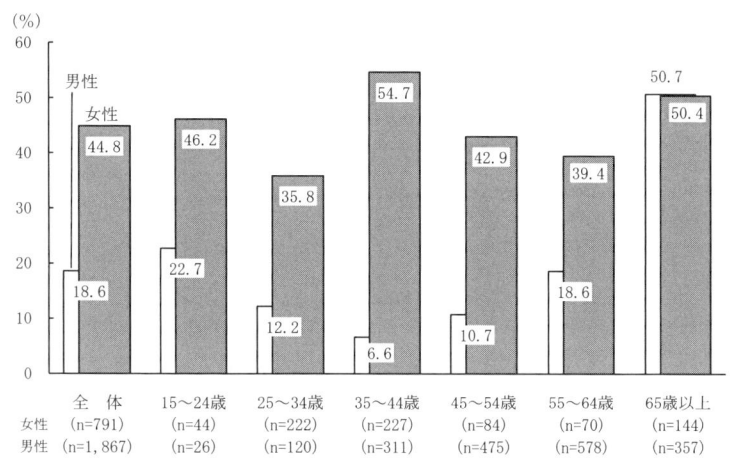

図2-3　家族従業員における短時間勤務者割合（家族従業員の性別）

(%)

	全体	15～24歳	25～34歳	35～44歳	45～54歳	55～64歳	65歳以上
女性	44.8	46.2	35.8	54.7	42.9	39.4	50.4
男性	18.6	22.7	12.2	6.6	10.7	18.6	50.7
女性 (n=)	791	44	222	227	84	70	144
男性 (n=)	1,867	26	120	311	475	578	357

（注）　短時間勤務は、週間就業時間（実労働時間）が35時間未満。

で、短時間勤務者が増えている。ただし、それでも「65歳以上」の男性家族従業員の約半数がフルタイムで働いていることは、注目に値する。

　一方、女性をみると、「15～24歳」で46.2％、「25～34歳」で35.8％と、いずれも男性に比べて短時間勤務者が多い。家事や育児に時間がとられるためにフルタイムでは働いていない人の割合が高いことが推測される。短時間勤務者の割合は「35～44歳」で54.7％とさらに上昇しており、この時期に子育てなどの負担が増すことが示唆される。これが、子育てが一段落すると思われる「45～54歳」では42.9％、「55～64歳」では39.4％に低下し、「65歳以上」でも50.4％にとどまっている。

　このように、女性の家族従業員は全体的に男性より短時間勤務者が多いこと、特に子育て期に短時間勤務者のウエートが高まることがわかった。

　続いて、管理職の割合をみると、家族従業員の男性の56.1％、同じく女性の47.1％が管理職として働いていることがわかる（図2－

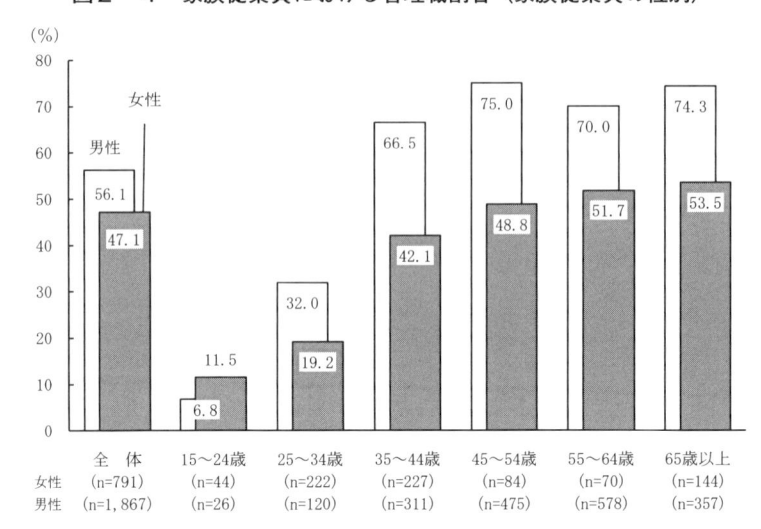

図2-4　家族従業員における管理職割合（家族従業員の性別）

	全体	15～24歳	25～34歳	35～44歳	45～54歳	55～64歳	65歳以上
男性	56.1	6.8	19.2	42.1	48.8	51.7	53.5
女性	47.1	11.5	32.0	66.5	75.0	70.0	74.3
女性 n=	791	44	222	227	84	70	144
男性 n=	1,867	26	120	311	475	578	357

4)[24]。年齢別にみると、男女とも年齢の上昇につれて管理職である人が増え、45歳以上の年齢層では、おおむね男性家族従業員の4人に3人、女性家族従業員の半数が、管理職となっている。

こうした結果からは、経営者の配偶者、両親、子どもといった家族が、単なる労働力ではない経営のパートナーとして、事業に協力している姿が浮かんでくるだろう。

5　まとめ

ここまでみてきたように、小企業では現在でも多くの家族従業員が存在しており、その過半が経営者の妻、母親、娘などの女性である。彼女たちは、自身のライフステージに合わせて働く時間の長さを変え

---

[24] そもそも女性の家族従業員が多いこともあり、家族従業員の管理職に占める女性割合は66.5％に達する。これは家族以外の従業員の17.3％（前掲図1-17）より、はるかに高い。なお、男女合わせた家族従業員全体の管理職割合は49.8％であった。

ながらも、小企業にとって極めて貴重な人材となっている。それは、決して補助的な仕事だけを行っているのではなく、管理職として経営者を支えているケースも少なくないことからもわかる。また、高齢になっても働くことができるのも、家族従業員としての働き方の特徴といえる。小企業ではもともと高齢の女性従業員が多いが、女性の家族従業員はさらに年齢が高い傾向にある。小企業は、他に仕事をみつけることの難しいだろう彼女たちの、雇用の受け皿として機能していると考えることもできよう。

小企業は多様な働き方を求める女性たちの希望に対して、さまざまな形で働く場所をつくり出していることは、第1章で述べたとおりである。こうした機能は家族に対しても同様であるし、ある意味では一般の従業員以上に融通の利く働き方を提供しているといってよいかもしれない[25]。

本章の冒頭で述べたような、家族が経営者とともに事業を営んでいるという光景は、決して過去のものではない。こうした家族従業員としての働き方や、彼らに働く場を提供する小企業を、あらためて評価してもよいのではないだろうか。

〈参考文献〉
石井淳蔵（1996）『商人家族と市場社会』有斐閣
石井淳蔵（1997）「わが国小売業における家族従業の過去と未来」国民金融公庫総合研究所編『中小企業の後継者問題』中小企業リサーチセンター、pp.153-206
国民生活金融公庫総合研究所編（2008）『小企業で働く魅力』中小企業リサーチセンター
坂田博美（2006）『商人家族のエスノグラフィー』関西学院大学出版会
深沼光（2011）「新規開業企業における家族従業員の役割」日本政策金融公庫『調査月報』（2011年1月号）、pp.4-15

---

[25] 本稿では詳述しないが、このように柔軟な働き方を提供しているにもかかわらず、家族従業員のいる企業のパフォーマンスは決して大きく劣っているわけではない。例えば、黒字企業の割合を、規模を合わせて従業者数「2～4人」の企業でみてみると、従業員構成が「家族以外のみ」の38.8％に対し、「家族と家族以外」は42.7％、「家族のみ」は35.9％となった。

第3章
女性雇用の効果と残された課題

総合研究所 主任研究員
藤井 辰紀

これまで述べてきたように、小企業では多くの女性従業員が活躍している。本章では、そうした女性たちの活躍を促すことが小企業の経営にもたらす効果を確認するとともに、女性のもつ力を引き出すための小企業の取り組みについて、実際の企業事例[1]を交えながら、具体的に掘り下げてみたい。

1　女性の活躍を促すことの効果

　女性の活躍を促すことに、小企業の経営者はどのような効果を感じているのだろうか[2]。日本政策金融公庫総合研究所「企業経営と従業員の雇用に関するアンケート」（2010年8月）の調査結果からみていこう[3]。
　まず、最も多かった回答は、「職場の雰囲気が良くなる」の57.6％であった（図3－1）。「企業イメージが向上する」と回答した企業も25.0％あり、これらを合わせた「雰囲気・イメージ」に関する効果が、女性活躍の第1の効果として挙げられる。
　続いて回答割合が高いのは、「優秀な人材を確保できる」の33.4％、「従業員の勤労意欲が高まる」の30.4％である。これらに「従業員の定着率が高まる」（24.1％）を合わせた「人材」に関する効果が、第2の効果として指摘できる。
　第3に、「生産・販売」に関する効果が考えられる。選択できる回答を三つまでに限定したためか、「生産性が向上する」（15.4％）、「新たな製品・サービスの開発につながる」（14.2％）、「新たな販路開拓につながる」（13.8％）などの回答割合はそれほど高くはないが、女

---

[1]　各事例については、本書事例編を合わせてご覧いただきたい。
[2]　本設問は、女性従業員（経営者や家族従業員を除く）を雇用している企業に対して尋ねたものである。
[3]　アンケートの実施要領は、前掲表1－1を参照されたい。

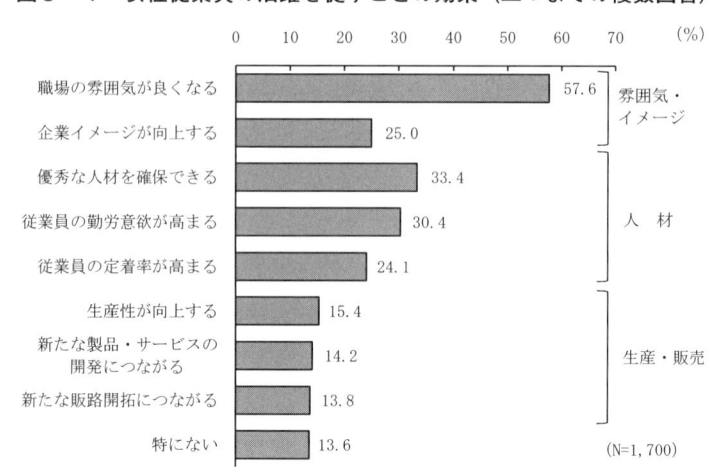

図3-1　女性従業員の活躍を促すことの効果（三つまでの複数回答）

項目	割合(%)	分類
職場の雰囲気が良くなる	57.6	雰囲気・イメージ
企業イメージが向上する	25.0	
優秀な人材を確保できる	33.4	人材
従業員の勤労意欲が高まる	30.4	
従業員の定着率が高まる	24.1	
生産性が向上する	15.4	生産・販売
新たな製品・サービスの開発につながる	14.2	
新たな販路開拓につながる	13.8	
特にない	13.6	

(N=1,700)

資料：日本政策金融公庫総合研究所「企業経営と従業員の雇用に関するアンケート」(2010年)
（以下断りのない限り同じ）
(注)　女性従業員（経営者本人および家族従業員を除く）がいる企業に「女性従業員の活躍を促すことで、どのような効果があると思うか」を尋ねたもの。

性を雇用する企業が期待する効果の一つであることに間違いはないだろう。

　なお、効果が「特にない」と回答した企業は13.6％にとどまった。裏を返せば、9割近い経営者が、女性が活躍することで企業経営に何らかのプラスの影響があると判断しているということだ。

　それでは、具体的にどのような効果があったのか。以下では、「雰囲気・イメージ」「人材」「生産・販売」のそれぞれについて、企業事例からみていくことにする。

(1) 雰囲気・イメージ

　職場の雰囲気を良くすることは、そこで働く者にとって重要だ。雰囲気の良い職場は、従業員の定着率や企業の生産性を高め、外部からみた企業イメージの向上にもつながるだろう。㈱天彦産業（大阪府、

特殊鋼材卸売業、従業者39人、事例編⑬）では、来客があるときには、その人たちの名前を入れた手づくりのウエルカムボードを玄関に掲げて歓迎する。日ごろの感謝を込めて、得意先にメッセージカードを贈ったこともある。いずれも、女性従業員の発案で、準備も彼女たちが率先して行っている。こうした細かな気配りが、顧客を大切にする社内の雰囲気づくりに一役買っているのだ。

　女性のもつアットホームな温かさを前面に出して店づくりを行い、企業イメージを高めているのが、農産物直売所を運営している㈱産直あぐり（山形県、農産物小売業、従業者19人、事例編④）だ。同社では、組合員の女性家族で構成する「女性の会」が中心となって、店内を飾りつけたり、併設する飲食店のメニューを企画したりしている。その手づくり感や素朴な味わいは、買い物客や地元住民からも好評を博している。彼女たちの取り組みは、2009年、全国直売所研究会主催の「直売所甲子園」で、「日本一元気なおかあちゃん賞」を受賞した。そのニュースはメディアに取り上げられ、知名度も一段と高まったという。

(2) 人　材

　結婚や出産で勤務先を退職した後に、仕事に就いていない女性のなかには、優秀な人材も少なからずいる。こうした潜在労働力を掘り起こすことで、即戦力となる人材を確保することも可能となる。㈱セレクティー（宮城県、家庭教師派遣業、従業者18人、事例編⑥）は、家庭教師の登録に当たって、適性検査、面接、実技試験など９段階にも及ぶ審査を行い、人材を選び抜く。ただ、厳しい基準を設けつつ十分な人数を確保するのは容易ではない。そこで同社は、以前勤めていた学校や塾を結婚や出産で退職した後、子育てが一段落したので再び働きたいという女性たちに着目した。能力と意欲があれば、仕事のブランクは一切問わない。こうした採用方針により、同社では、質の高い家庭

教師を多数集めることに成功している。

　男女分け隔てなく活躍の場を与えることは、従業員の勤労意欲を向上させる。㈲原田左官工業所（東京都、左官工事業、従業者41人、事例編⑤）は、男性の職場というイメージの強い業界にあって、1989年、女性だけの左官チーム「ハラダサカンレディース」を立ち上げた。きっかけは、現場の仕事に興味をもった事務担当の女性からの申し出だった。以来、希望があれば女性にも現場を担当させており、現在31人いる職人のうち、7人が女性である。女性たちにも活躍の道を開いたことは、彼女たちの士気を高めるだけでなく、男性の職人にとっても、負けないように技術を磨こうという動機づけになっている。

(3) 生産・販売

　小企業が扱う商品やサービスのなかには、女性がユーザーとなっているものも少なくない。企業がそうした女性の心をとらえるには、生産や販売の段階で女性の目線に立つことが求められる。不動産関係の広告を得意とする㈱三友広告社（東京都、広告制作業、従業者7人、事例編①）では、広告のデザインを仕上げる際に、家族従業員である経営者の妻や経理担当の女性従業員の意見を必ず聞くようにしている。住宅購入の決定権を握っているのは、女性であることが多いと考えるからだ。商品の売り手目線ではなく、消費者目線で広告をデザインする同社の企画力は、クライアントからも高く評価されている。

　女性の活躍を促すための施策が組織を変える契機となり、結果として会社全体の生産性向上につながるケースもある。㈱ラポージェ（富山県、着物仕立業、従業者30人、事例編⑨）は、1980年代のうちから、将来の職人の高齢化に備え新たな従業員確保の道を探っていた。しかし、即戦力となる人は、簡単にはみつからない。そこで、仕立ての経験のまったくない主婦や新卒の女性従業員でもすぐに仕事に就けるようにと、職人1人がすべての工程をこなす体制から分業制に変更

し、自社開発のミシンで機械化を進めた。こうした一連の作業プロセス改革は、仕立て日数の短縮と製造コストの抑制にもつながったという。

中小企業庁（2007）は、「両立支援をきっかけに組織・業務体制を見直すことで、組織効率も向上」（p.7）すると指摘する。女性の活躍は、企業経営に対して多面的なメリットをもたらすのである。

2　残された課題と小企業の取り組み

第1節でみたように、小企業は、女性従業員の活躍を促すことによってさまざまなメリットを得ている。企業の業績向上にまでつながっているケースもなかにはみられた。しかしながら、女性従業員は、往々にして数のうえでは男性従業員よりも少ない。正社員や管理職の割合も、大企業の女性に比べると高いとはいえ、男性には及ばない。だとすれば、女性雇用の受け皿としてすでに存在感を発揮している小企業においても、女性がさらに活躍する余地は残されているということだ。

では、女性が活躍するうえで、どのような阻害要因があるのだろうか。アンケートの回答で最も多かったのは、「家事や育児の負担を考慮する必要がある」の30.9％であった（図3－2）[4]。これに「結婚や出産で退職する女性が多い」（22.6％）、「残業・出張・転勤をさせにくい」（18.4％）を合わせた「仕事と家庭の両立の難しさ」が、第1の阻害要因といえよう。

続いて、「休業した場合に代替要員の確保が難しい」（26.1％）が挙げられた。1人が休業するにしても、1,000人の企業と10人の企業では、業務に与えるインパクトの大きさは比べものにならない。小企業で

4　本章脚注2に同じ。

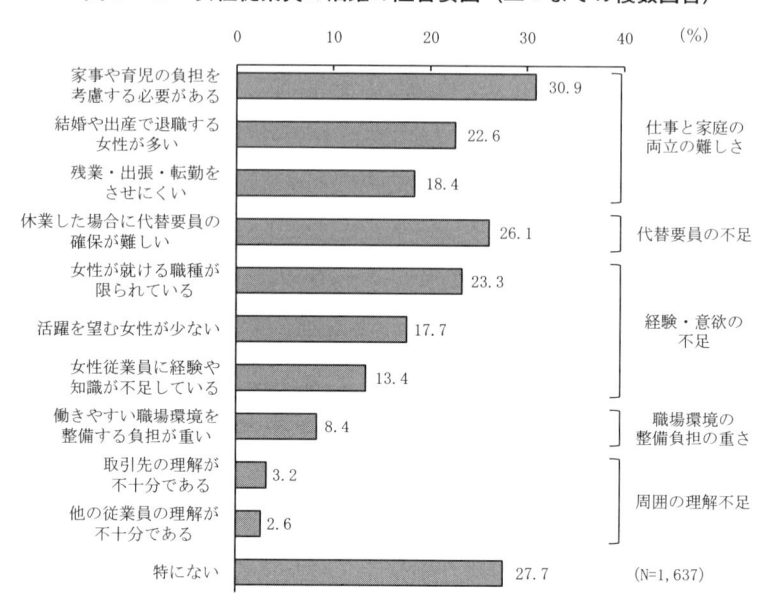

図3-2　女性従業員の活躍の阻害要因（三つまでの複数回答）

項目	%	分類
家事や育児の負担を考慮する必要がある	30.9	仕事と家庭の両立の難しさ
結婚や出産で退職する女性が多い	22.6	
残業・出張・転勤をさせにくい	18.4	
休業した場合に代替要員の確保が難しい	26.1	代替要員の不足
女性が就ける職種が限られている	23.3	経験・意欲の不足
活躍を望む女性が少ない	17.7	
女性従業員に経験や知識が不足している	13.4	
働きやすい職場環境を整備する負担が重い	8.4	職場環境の整備負担の重さ
取引先の理解が不十分である	3.2	周囲の理解不足
他の従業員の理解が不十分である	2.6	
特にない	27.7	(N=1,637)

（注）　女性従業員（経営者本人および家族従業員を除く）がいる企業に「女性従業員の活躍推進を妨げる要素」を尋ねたもの。

は、大企業のように募集すればすぐに代わりの人材が集まるわけでもないし、普段から余剰人員を抱えるような余裕もない。こうした「代替要員の不足」が第2の阻害要因である。

　第3の阻害要因は、「女性が就ける職種が限られている」（23.3％）、「活躍を望む女性が少ない」（17.7％）、「女性従業員に経験や知識が不足している」（13.4％）などといった、「経験・意欲の不足」である。このほか、回答は少数ではあるが、第4、第5の阻害要因として、「職場環境の整備負担の重さ」と「周囲の理解不足」が挙げられる。

　一方、ヒアリングからは、こうした課題に直面しながらも女性の活躍の場を生み出している小企業の存在も、浮かび上がってくる。そうした企業は、数々の課題をどのように克服したのだろうか。阻害要因ごとに事例からみていくことにしよう。

第3章　女性雇用の効果と残された課題

(1) 仕事と家庭の両立の難しさ

　内閣府が20歳以上の男女に対して2009年に行った「男女のライフスタイルに関する意識調査」によると、家事を妻が主に行っている世帯は89.5％にも上る（図3－3）[5]。序章第2節でも紹介したように、25～39歳の女性の主な退職理由が「育児のため」と「結婚のため」であることと合わせて考えれば、仕事と家庭を両立できる環境の整備が企業にとって高いハードルとなることは想像に難くない。しかしながら、これが決して越えられないものではないことは、以下の企業事例が物語っている[6]。

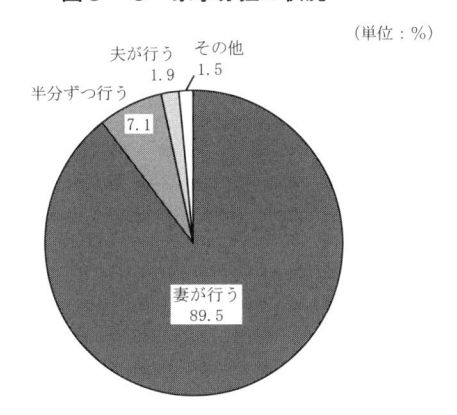

図3－3　家事分担の状況

(単位：％)

- 夫が行う　1.9
- その他　1.5
- 半分ずつ行う　7.1
- 妻が行う　89.5

資料：内閣府「男女のライフスタイルに関する意識調査」(2009年)
(注)　「妻が行う」「夫が行う」にはそれぞれ「妻が中心となって行うが、夫も手伝う」「夫が中心となって行うが、妻も手伝う」を含む。

---

[5] 婚姻中の者に対してのみ尋ねたもの。家事を「妻が行う」と「妻が中心となって行うが、夫も手伝う」を合わせた割合。
[6] ここで紹介するのは、女性の仕事と家庭の両立に対するニーズに応えている企業の事例であるが、男性が家事を分担できるような職場環境を整備することも、また重要であると考えられる。

【対策1－①　制度や設備の充実】

　前出の㈱三友広告社は、女性従業員の出産に合わせ、育児休業制度を確立した。社会保険労務士からアドバイスを受けながら、すでにつくっていた就業規則や労働協約を大幅に修正し、休業中の従業員の生活のために特別手当も設けた。同社の森伸雄会長は、制度の明文化により、会社として従業員を大切にしているということを示し、安心感を与える効果があったと感じている。

　㈱コッコト（埼玉県、バックオフィス業務代行業、従業者16人、事例編⑩）は、子育て中の女性を組織化し、企業の事務などを代行する会社だ。従業員や社外スタッフの仕事と育児を両立させるため、同社は二つの設備投資に踏み切った。一つは、在宅勤務に対応するためのネットワーク環境の構築、もう一つは、事業所内託児所の設置である。これにより、コンピューターや会計などに関する専門的な知識やスキルをもっていながら働きに出ることができなかった女性約150人を、社外スタッフとして集めることに成功している。

　これまで再三述べてきたように、小企業では両立支援の制度や設備の導入が遅れている。ここで紹介した2社は稀なケースであろう。しかし、小企業だから制度や設備を整えなくてもよい、というわけではない。すでに大企業が環境整備に動き出しているなか、手をこまぬいていては、差は開く一方だ。武石（2008）は、両立支援策の導入状況が人材確保に及ぼす影響について分析し、「両立支援の制度の充実度は、社外の就業希望者からも企業間の制度比較が比較的容易であるため、施策の導入が人材の確保にプラスに作用している」(p.68)ことを明らかにしている。ハードルは高いが、挑む価値はあるといえそうだ。

【対策1－②　仕事時間の分割】

　女性のなかには、家事や育児に時間を取られ、長時間働けない人も

多い。一つの仕事を行う時間をいくつかに分け、何人かの従業員で手分けして行うようにすれば、こうした人でも働きやすくなることが期待される。

NPO法人マミーズ・ネット（新潟県、子育て支援サービス提供業、従業者18人、事例編⑧）は、子育て中の母親たちのための交流スペース「ふぅ」を運営している。イベント開催やカウンター業務を担当するパート従業員のなかには、自身も子育て中である女性が多い。そこで同法人では、一つの仕事を複数の従業員が交代で担当するようにしている。働ける時間に制限のある人から優先してスケジュールを入れ、比較的時間に融通の利く人が空いた穴を埋めることで、それぞれの従業員が個々の状況に応じて働くことができているという。

【対策1－③　雇われない働き方の提供】

女性たちのなかには、本人や家族の事情で、職場に定期的に通うことが難しい人もいる。こうした人たちに対して、従業員として直接雇用するのではなく、業務委託契約などを結ぶことによって、働く場を提供している小企業もある。

先に紹介した㈱コッコトの登録スタッフは、従業員ではなく、個人事業主という扱いだ。そのため、就業時間に縛られることなく、細切れの時間を利用して、自宅や同社のオフィスで仕事を進めることができる。仕事の分量も自身の都合に合わせて調整できることから、結婚や出産でキャリアを中断した女性たちが、本格的な仕事に復帰する第一歩として同社に登録している。

来楽暮㈱（山口県、土産物製造業、従業者2人、事例編②）は、外に働きに出られない女性に、内職という働き方を用意している。和裁や洋裁の技術をもつ30～60歳代の主婦10人に、着物地を使った土産物用の小物をつくってもらっている。個々の事情を踏まえ、あえてノルマは課さず、できるときにできる量をこなしてもらう。雇用関係より

も緩やかな関係だからこそ仕事ができ、社会とつながっていられる女性もいるということだ。

(2) 代替要員の不足

代替要員が必要となるケースは、出産や育児のための長期的な休業によるもののほか、子どもの病気やけが、学校の行事などで従業員が急に仕事を休む短期的なものもある。そもそも人員に余裕のない小企業にとって、休んだ従業員の代わりとなる人を確保する難しさは避けることのできない課題であり、その克服には個々の企業の創意工夫が求められる。

【対策2-① 従業員の多能化】

休業者の穴をスムーズに埋める手段の一つとして、従業員の多能化の推進が挙げられる。研修や人事異動などを通じて、1人が複数の部署の仕事ができるように備えるものだ。

㈱カミテ（秋田県、精密機械部品製造業、従業者32人、事例編⑫）では、計画的に仕事のローテーションを行い、従業員が金型製作、プレス、検査、総務などのうち、複数の業務ができる体制を整えている。長期休暇による欠員には人事異動で、急な休みには部署間の応援でと、ケースに応じて柔軟に対応する。必要な時にはお互いがカバーし合うという合意が形成されたことから、従業員は周囲に気兼ねすることなく休みを取りやすくなったという。

【対策2-② チーム制の導入】

日ごろから1人ではなくチームで業務に当たっていれば、一時的に誰かが抜けても、すぐに仕事が滞る心配はない。

㈲さいさい（福岡県、弁当製造小売業、従業者16人、事例編⑪）は、宅配を中心とする手づくり弁当の店である。オフィスや高齢者宅など

の得意先には、毎日決まった担当者が1人で弁当を配達するが、時間に余裕があるときには2人以上で行くようにしている。これを繰り返すことによって、配達チームのメンバーは互いの配達先と道順を覚えていく。1人が急に休んでも、スムーズにカバーするためのアイデアである。

【対策2－③　休業者に対するサポート体制の整備】

　休業者が出た場合、担当していた仕事をどのようにカバーするかということにばかり目が向きがちだが、他方で休業者自身に対するサポートも忘れてはならない。代わりの従業員を容易に確保できない以上、休んだ従業員が再び戦力として戻りやすい環境づくりもまた、重要である。

　育児休業制度を導入した㈱三友広告社では、休業中の女性従業員と、定期的に連絡を取り合った。ブランクを経て職場に戻るときは、誰にとっても不安なものだが、休業中も上司や同僚たちと情報を交換していたことが安心感につながり、彼女は復帰後、無理なく仕事になじむことができたという。

(3) 経験・意欲の不足

　力仕事や深夜労働などがあるために、これまで女性があまり就いていなかった仕事があるのは確かである。また、女性は結婚や出産を機にキャリアを中断するケースが多く、小企業の女性従業員の勤続年数は男性従業員よりも短い傾向にある。こうしたことが、仕事の経験が不足しているという経営者の回答にもつながっているのだろう。一方、家庭や自由時間を優先し、責任の重い仕事に意欲的ではない女性もいるかもしれない。

　だとすれば、小企業は、こうした課題に対し、具体的にどう対応すべきなのだろうか。

【対策3−①　男性の仕事という先入観の払拭】
　伝統的に男性が中心となっている職場は少なくない[7]。ただ、そうした仕事のなかには、男性の仕事であるという固定観念によって、女性の参加を妨げているものもあるのではないだろうか。ハラダサカンレディースを立ち上げた㈲原田左官工業所は、まさに、そうした先入観を払拭した企業の代表例だ。それまで男性しかいなかった現場にあえて女性を登用することで、色づけしたしっくいを用いて立体感をもたせたデザイン壁という新分野を開拓し、女性が男性の職人に遜色なく左官の仕事をこなすことができることを証明したのである。同社に刺激を受け、今では同業者のなかにも、女性を職人に登用する動きが広がってきているそうだ。

【対策3−②　当事者意識の向上】
　女性の意欲を高めるうえでは、彼女たちに当事者意識をもってもらうことも大切だ。先に紹介した㈱産直あぐりの「女性の会」は、新事業のアイデアや既存事業の運営方法について提案を行うなど、企業の方向性を決めるうえで、重要な役割を果たしている。この会の発案により、農産物直売所に食品加工施設やレストランを併設するなど、同社の事業は大きく展開した。それまでは裏方に回っていた女性たちに新たな役割を与え、意欲を喚起した好例といえよう。

【対策3−③　業務プロセスの見直し】
　女性の活躍の効果でも触れたとおり、経験不足の人でも力を出せるように業務の進め方自体を見直してしまうのも一つの方法だ。
　分業制や専用ミシンの導入によって、主婦や学生など仕立てを経験したことのない女性の戦力化に成功した㈱ラポージェの例は、これに

---

[7] 逆に、看護師、保育士など、伝統的に女性が大半を占める職種もある。こうした仕事については、女性の仕事という先入観の払拭も同時に必要であろう。

当たる。同社は、経験を積ませるのではなく、経験を積む必要性自体をなくすという逆転の発想で、仕立て業界から「経験の壁」を取り除いてみせた。

(4) 職場環境の整備負担の重さ

本節(1)でみたように、就業規則を整備するには相応の手間がかかるし、設備を導入するには資金が必要だ。規模の小さい企業にとっては、決して軽い負担ではない。しかし、負担ばかりを考えに入れて躊躇するのではなく、効果と合わせたトータルバランスを考慮すれば、また違った判断にたどり着くかもしれない。

【対策4－①　長期的な視点での検討】

費用と効果を比較する際には、直接的な要素だけでなく、より長期的で広い視点に立ち、副次的な効果や、導入しなかった場合に生じる潜在的な損失も可能な限り考慮に入れるべきだろう。

㈱アルトスター（大阪府、ウェブ制作業、従業者8人、事例編③）では、従業員の出産に合わせ、在宅勤務のシステムを導入した。専用のコンピューターや回線の設置、ソフトウェアの購入や調整など、設備投資には1人当たり数百万円がかかった。一方で、補充要員の採用やトレーニングに対する費用をかけずに済んだ。優秀な人材が辞めることによって仕事の質が低下するリスクを回避することもできた。さらには、それまでかかっていた通勤手当が不要となったり、限られた時間で仕事に取り組むことによって作業効率が向上したりといった効果もあった。同社の石尾社長は、総合的にみれば費用よりも効果のほうが大きかったと考えている。

【対策4－②　公的支援の活用】

公的支援を活用し、施策導入時の負担を抑える方法もある。ワーク

ライフバランスへの関心が高まりに合わせ、育児支援に取り組む企業に対して、助成制度や相談窓口を設けている公的機関は少なくない。

㈱カミテは、2000年に事業所内託児所を設置した。総投資額は1,700万円と決して小さくなかったが、その半分は㈶21世紀職業財団からの助成金でまかなった。「そのパンフレットを目にしていなかったら、事業所内託児所を設置することはなかった」と、同社の上手康弘社長は振り返る。こうした支援制度は内容が変わることも多いが、必要に応じて自社で使えるものがないか、チェックすることが大事だろう。

(5) 周囲の理解不足

女性従業員が家事や育児のために頻繁に仕事を休むと、仕事のしわ寄せを受ける他の従業員の間で不満が生じるケースもある。また、先入観や業界の慣行から、女性が就くことに対して取引先の理解を得にくい職種もあるかもしれない。

社内や社外の理解を得るためには、企業自らが女性の活躍を後押ししているという姿勢を積極的にアピールする必要がある。

【対策5－①　女性チームの結成】

女性の実力を認めさせるために、女性だけ、あるいは女性を中心としたチームを結成するのも一つのアイデアだろう。

㈲原田左官工業所はハラダサカンレディースを、商品開発、営業、見積もり、現場での施工まで、一切の権限を委任した独立採算のチームとした。彼女たちが開発したデザイン壁は、同社の主力商品の一つとなり、同業他社や、社内の男性職人たちも女性たちの力に一目置くようになっていった。

【対策5－②　公的認証の取得】

女性が活躍しやすい雰囲気を企業の内外で盛り上げていくには、公的

認証の取得も効果的である。例えば、次世代育成支援対策推進法に基づき一般事業主行動計画を実施し、計画に定めた目標を達成するなど、一定の条件を満たした企業は、次世代育成支援対策に取り組んでいる企業として、厚生労働大臣の認定を受けられる。認定企業は、「くるみん」マークを名刺や自社のホームページに使用することが認められるほか、厚生労働省のホームページでも公表されることから、企業として従業員の仕事と子育ての両立支援に取り組む姿勢を対外的に明示できる。

㈱天彦産業は、2008年に、この認定を受けた[8]。もともと社員第一主義という経営方針をもつ同社だが、従業員それぞれが会社に大切にされているという実感をさらに強くもつことができ、休暇を十分取る一方で、仕事への熱意も向上したと樋口友夫社長は感じている。また、認定の取得は、女性の活躍を促し、働きやすい職場づくりに取り組んでいるという姿勢を、取引先をはじめとする会社の外に対して、強くアピールすることにつながった。小さな企業としては珍しい同社の取り組みは、新聞や書籍などでも紹介され、新卒採用の募集にもコンスタントに学生が集まるようになった。その結果、外国語に堪能な新卒女性従業員の採用にも成功したという。

【対策5－③　家族への情報提供】

仕事を続けるための環境づくりは、企業や従業員だけで実現できるものではない。家族の協力も必要である。繁忙期には、残業などでどうしても仕事を優先せざるをえないこともあるだろう。特に家事や育児を担う女性にとって、家族の理解がなければ仕事を続けるのは難しい。そのため、最近では、従業員の家族を意識した取り組みも少しずつ出てきている。

㈱天彦産業は、従業員の家族を職場に招いて仕事ぶりをみてもらう

8　同社のほか、事例編で紹介した企業のなかでは、㈱カミテ（事例編⑫）も同認定を受けている。

職場参観や、家族参加のバーベキューなどの行事を定期的に行っている。その狙いを、同社の樋口社長は、「職場の雰囲気、上司や同僚の人柄、仕事の内容などを家族に知ってもらえば、快く職場に送り出してもらえると思うから」と語る。

3　求められる働きやすい職場づくり

　本章では、女性のもつ力を引き出すことは、小企業にさまざまなプラスの効果を与える可能性があることを、事例を通して明らかにした。女性が活躍できる場をさらに広げていくためには、依然として多くの課題が残っているのは事実である。しかし、そうした課題の解決に積極的に取り組み、女性たちがいきいきと働くことを可能にしている小企業もまた、少なくないことを示した。

　さらにいえば、個別の小企業のケースをみていくと、女性の活躍を促している企業では、男女を問わず、そこで働く人たちが仕事や生活に満足できるような職場づくりが、実にうまく行われているようにも思われる。2010年に流行語となった「イクメン」[9]の例を引くまでもなく、男性の間にも育児に協力的な姿勢が広まっている。高齢化が進む今後は、家族の介護が必要となる人が増えていくことも予想される。女性の力を活かす取り組みを進めることは、人口減少の時代に男女を問わず優秀な人材を集めるための戦略であるともいえる。

　紹介した事例のなかには、他の企業が簡単にはまねできそうもないものもあるだろう。しかしながら、規模は小さくても、実際にそうした取り組みを行っている企業が少なからず存在していることは、まぎれもない事実である。従業員が求める働きやすい職場づくりを、小企業のそれぞれができる範囲で少しずつでも進めることが、今、求めら

9　子育てを楽しむ男性のこと。序章脚注13を参照。

れているのではないだろうか。

〈参考文献〉
武石恵美子 (2008)「採用パフォーマンスへの影響」佐藤博樹・武石恵美子編著『人を活かす企業が伸びる』勁草書房、pp.55-69
中小企業庁 (2007)『中小企業における次世代育成支援・両立支援の先進事例集』

第4章
女性のキャリア移動と小企業

東北大学大学院教育学研究科 准教授
三輪　哲

1 問題の所在

かつて、キャリアや不平等の研究はもっぱら男性を対象としており、そのこと自体が鋭い批判にさらされていた時代があった（Acker, 1973）。女性に関してのキャリア研究は、日本では、主に1980年代以降に進展をみた分野といえる（雇用職業総合研究所編、1987；同、1988；岡本・直井編、1990）。その後も、女性キャリア研究は着実に発展していったが、それは日本の女性自体の労働市場参加の進展と軌を一にしていたとみてもよいのではないだろうか。

現代の日本において、女性、とりわけ若年女性たちの雇用労働化が定着して久しい。女性就業の趨勢を総務省「就業構造基本調査」から確認しておくと、92年時点では、2,698万人（15歳以上の女性の51.0％）が就業し、うち2,053万人（女性就業者中の76.1％）が被雇用者であった。それが、2007年になると、女性就業者は2,780万人（15歳以上の女性の48.8％）で、そのうち被雇用者は2,446万人（女性就業者中の88.0％）にまで増加した。20歳から39歳までの年齢層に限ると、92年の女性就業者1,062万人（当該年齢中の63.6％）、うち928万人（女性就業者中の87.3％）が被雇用者であったのが、2007年では、就業者1,116万人（当該年齢中の67.2％）、そのうち被雇用者は1,067万人（就業者中の95.6％）にまで至った。これらの統計数値を概観するだけでも、若年層において、女性が被雇用者として働く傾向が強まっている基調をはっきりとうかがい知ることができる。

注目できるのは、男性と比べると、女性の被雇用者はより規模の小さい企業で働く者の割合が多いことである。総務省「就業構造基本調査（2007年）」より、「官公庁など」と「その他の法人・団体」に勤める者を除いた被雇用者に占める、従業員数30人未満の小企業従事者の割合を男女で比較すると、男性が32.9％なのに対し、女性は38.5％で

ある。では、何ゆえに、女性は小企業に勤めやすいのであろうか。

考えられる理由の一つは、女性にとって小企業が、働きやすい優良な選択肢となっていることであろう。実際、その見解を支持する調査結果は存在する。国民生活金融公庫総合研究所（現・日本政策金融公庫総合研究所）が2008年に刊行した『小企業で働く魅力』は、小企業の雇用に焦点を当てた貴重な研究成果であるが、それによる最重要と思われる発見は、「小企業は、一般に『弱者』と位置づけられる人にとっては、必ずしも条件の悪い職場ではない」（p.30）ことを見出した点にある。すなわち、労働市場において相対的に弱い立場にある女性に関してもそのことが当てはまり、小企業は働きやすい環境といえるのかもしれない。

その見方を裏づけるかのように、女性に限っていえば、小企業は大企業よりも勤続年数が長い傾向にあることが、第1章で示されている。この事実は、先ほど述べた「女性にとって小企業が働きやすい環境だから、そこで就業を続ける」とする見解を補強するものとなるように、一見思われるのではないだろうか。女性のキャリアにおいて、小企業に就職すれば、就業は継続されやすいということなのか。

だが、それを結論として確定するのは早計にすぎる。なぜならば、分析に用いたアンケート調査が一時点のクロス・セクション・データであって、その性質ゆえにもたらされた結果であるおそれを排せないからだ。まず、小企業と大企業における勤続年数の違いに、年齢分布の違いが影響している可能性がある。第1章では、小企業のほうが従業員の平均年齢が高いことも明らかにされている。だとすると、高齢で会社に残り続ける人が小企業では多いゆえに、勤続年数が高めに出るのであって、若年女性の就業継続のしやすさという点に着目したときには異なる結果が得られるかもしれない。本当は小企業のほうが辞めて無職になりやすいものの、就業継続の意思がとても強い人ばかりが小企業に残っており、それゆえ平均的に勤続年数が長めになってい

る可能性もある。

　とりわけ重要な批判は、一時点の調査データでは、これから職場を辞める可能性があるが調査時点では辞めていないこと[1]の影響を受け、偏りのない企業規模効果の推計ができないとするものである。それに加えて、調査時点で就いている職業以前のキャリアをまったく考慮できないことも、通常のクロス・セクション・データによる分析の限界といえる。

　これらの問題へと対処できる分析方法として適切なのは、イベントヒストリー分析であろう。この分析はライフイベントに関する多変量解析の手法であり、人口学、社会学、経済学などの分野で、死亡、結婚、出産、転職、失業などの分析にしばしば用いられる[2]。分析対象は、あるイベントの生起（発生）に至るまでの時間であり、イベントの起こりやすさを、イベントの起きるまでの早さ、またはイベントが起きないでいる時間の長さとしてとらえる。ここで関心のある、女性の就業継続問題にせまる方法としては、最適といえるだろう。

　そこで本章では、このイベントヒストリー分析を用いて、若年女性のキャリアにおける小企業の位置づけを解明していく。果たして、小企業へ勤めた女性たちは、大企業や中小企業の女性従業員に比べて、就業を継続しやすいといえるのだろうか。まずは、この点が解くべき最初の課題となる。次に、勤めていた企業を辞めることを「退職」、退職したうえで別の企業へと移ることを「転職」、退職して無職になることを「離職」、そして無職から新たに勤めはじめることを「再入職」と定義し[3]、それぞれメカニズムが異なることを想定しつつ、分析を進める。小企業を通過する女性のキャリアはいかなる特徴をもつ

---

[1] 統計学では右センサーと呼ばれる。
[2] イベントヒストリー分析についての詳細は、Allison（1984）や Yamaguchi（1991）を参照。
[3] これらの定義は、渡邊（2008）に倣った。

のかを明らかにすることが、本章の目指すところである。

2　分析の枠組みとデータ

(1) 分析の枠組み

　本章では、女性のキャリアを、個々人のデータをもとに分析する。ただし、就業選択ではなく、前節で定義した「退職」「転職」「離職」「再入職」について、それらのイベントの起きやすさを従属変数として扱う。これは、キャリアにおけるそれぞれの局面を区別し、より豊かに情報を引き出すためである。

　最も重要な独立変数は、企業規模である。つまり、小企業に勤務していたことが、その後どのように影響していくのかとらえることに主眼を置く。さらに、いったん無職になった人が、その後再入職するに当たっての、再入職先の企業規模や就業状態を考慮した分析も行っていく。そこにおいても、かつての小企業勤務経験がどのように活きるのか、とらえることができる。

　また、企業規模の効果を統制（コントロール）してライバルとなる仮説をつくり、それらを比較するために、就業状態、本人の学歴、母親の就業状態、結婚の生起、3歳以下の子どもの有無、そして社会的要因としての失業率をモデルへと投入し、分析を進めていく。

(2) 従属変数の定義

　分析では、「退職」「転職」「離職」「再入職」といったキャリアのうえでのイベントを従属変数とする（表4-1）。あらためて、それぞれの定義を説明しておこう。

　ここでいう「退職」とは、被雇用として雇われている企業からの退出である。退職後にどのような状況になるのかを考慮したものではない。

表4-1　イベントの定義

就業状況		イベント	
t-1期	t期		
就業	就業（同じ企業）	生起せず	
	就業（別の企業）	転職	退職
	無職	離職	
無職	就業	再入職	
	無職	生起せず	

資料：東京大学社会科学研究所「働き方とライフスタイルに関する全国調査」の定義に基づき、筆者作成。
(注) 1　t-1期とt期の両方の調査時点間で一時退職しても、調査時点で同じ企業に就業している場合は、「退職」ではなく「生起せず」として扱う。
　　 2　自営業や家族従業者、官公庁への就業は、打ち切りケースとして扱う。

　退職後の状況を加味して「退職」を分類したのが「転職」と「離職」である。まず、退職後に、どこか別の企業へと移動したケースが「転職」である。具体的には、勤めている企業が1年経過後に変わった場合について、「転職」イベントとみなした。なお、転職先の企業の規模を区別して、大企業（従業員数300人以上）、中小企業（従業員数30〜299人）、小企業（従業員数29人以下）という三つのカテゴリーへの移動をとらえるようにした[4]。一方、退職してから無職になったケースのことを、本章では「離職」と呼ぶ。すなわち「離職」のイベントとは、企業に勤務していた人が1年後のデータでは無職であることが確認された場合のことをいう。これまで説明した「退職」「転職」「離職」という従属変数は、被雇用者として勤務していた従業者を対象としたものであった。最後に述べる「再入職」は、無職の状態にあった者を対象としている点が大きく異なる。本章における「再入職」とは、無職からどこかの企業へと被雇用で勤務しはじめることをいう。ここでも、再入職先の企業の規模を区別して、大企業、中小企業、小企業という

4　データの制約から、中小企業基本法における中小企業、小規模企業の定義とは異なる。

三つのカテゴリーへの移動をとらえるようにした。

(3) データと統計手法

今回用いるのは、東京大学社会科学研究所により実施された「働き方とライフスタイルに関する全国調査」（Japanese Life course Panel Survey, JLPS）により得られたデータセットである[5]。同調査は、2007年の第1波調査時において、20～34歳であった男女を対象とした「若年調査」と、35～40歳であった男女を対象とした「壮年調査」からなるが、ここでは、その二つを合併したデータセットを使用した。

分析には、同調査の質問項目のうち、第3波の調査で得られた「職業経歴データ」を主に使用する。これは、学校卒業後最初に就いた仕事から始まり、その後調査時点（2009年）までどのような仕事に就いていたかを、すべて回答してもらったものである。

手法としては、前述のイベントヒストリー分析を採用した。データおよび手法についての詳細は、三輪（2011）を参照されたい。

3 分 析

(1) 若年期女性のキャリア・プロフィール

まず、はじめに、女性の職業経歴データを年齢系列によって整理し、何歳くらいでどのような就業状態にある者がどれほどいるのか、それらのうち小企業への従事者はいかほどを占めるのか、概観してみたい。

図4－1の4枚のグラフは、出生コーホート別に職業経歴データから年齢ごとの就業状態を求め、その割合[6]の推移を描いたものだ。18歳

---

[5] 調査範囲は日本全国である。
[6] ここでの割合の計算には、無職の状態や、当該年齢時に在学中で働いていなかった者も含まれている。

第4章　女性のキャリア移動と小企業

図4-1　女性の働き方

① 1966～69年出生コーホート

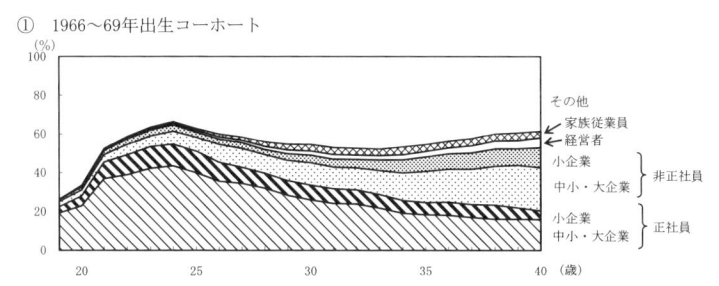

② 1970～74年出生コーホート

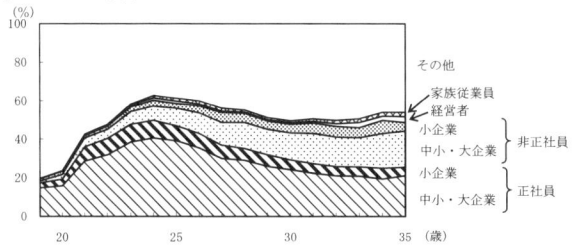

③ 1975～79年出生コーホート

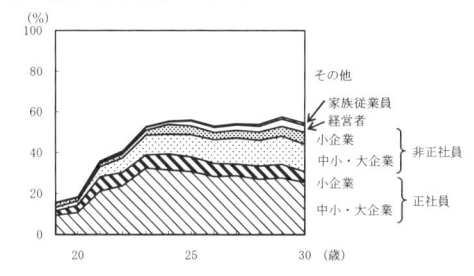

④ 1980～86年出生コーホート

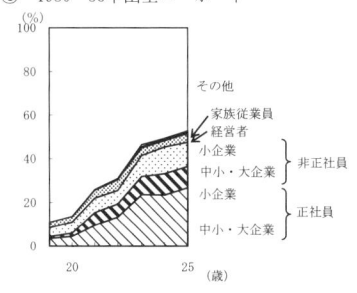

資料：東京大学社会科学研究所「働き方とライフスタイルに関する全国調査」（以下同じ）
(注)1　「その他」は、学生、専業主婦、無職など。
　　2　「家族従業員」は、調査票では家族従業者だが、第1～3章の表記に合わせた。

以前のデータもあるが、高校卒業後となる19歳時点から図示することとした。累積割合を示す面グラフなので、面の積み上がった最上位の値が、当該年齢における就業率ということになる。個別の就業状態、就業先の企業規模については、各々の縦の幅をみることで、割合をとらえることができる[7]。

データのなかで最も高齢の①1966〜69年出生コーホートは調査時点で40歳を迎える層なので、19歳から40歳までの就業状態の推移を追っている。全体的にみると、いわゆるM字カーブに近い就業パターンが存在していることが読み取れる。24歳くらいで就業率はピークに達し、その後減少していく。そして33歳くらいを底にして、反転上昇してくるというパターンを描いている。

だがM字カーブは、今や消えつつあるか、あるいはM字の底が遅くなり浅くなり、とらえにくくなってきているかもしれない。M字カーブ型の就業パターンは、②1970〜74年出生コーホートでは、まだ維持されているようにみえる。しかしながら、③1975〜79年出生コーホートの結果をみると、20歳代後半での就業率の減少という「M字の左肩」を形成するパターンがまったくみられないのである[8]。それより若い④1980〜86年出生コーホートとなると、職業経歴が25歳までしか確定していないため、現時点では、はっきりしたことはいえない。もう少し年数が経過しないとわからないが、70年代の前半に生まれた世代とその後の世代との間に、違いが出てきている可能性がある。

---

7 パネル調査では、繰り返し調査をしていく過程で、どうしても属性に偏りが生じやすくなってしまうという点に留意する必要がある。例えば、回答をしやすい主婦などの割合が高くなりがちであることが知られる。本章で用いたJLPSデータも、比較的無職の者が過大になっており（三輪、2008）、就業率もその影響から低めに出ていると考えられる。ここでの就業状態割合は、あくまで同じデータ内でカテゴリー比較したりコーホート間比較をすることは許されるだろうが、これらの数値を直接に他のデータのそれと比較することは不適当かもしれない。

8 もちろん、この世代の非婚化、晩婚化、晩産化の影響を受けていることは想像に難くない。

コーホート間比較でわかる、もう一つの顕著な特徴は、正社員が減ったことである。①1966～69年出生コーホートだと、小企業と中小企業・大企業を合わせると、若いころには半数以上が正社員として勤めていたのだが、その後のコーホートでは漸減している。

　さらに、①1966～69年出生コーホートと、それに続く②1970～74年出生コーホートを比べる限り、家族従業員も減少しているように思える。これは、自営業そのものの減少を受けてのものであろう。

　一方、それらに代わって増加したのは、非正社員である。年齢の高いコーホートにおいては、非正社員は主に、「M字の右肩」つまり就業中断の後に労働市場に戻ってくる過程で増加する存在で、主婦層が中心を占めていた。だが若いコーホートになると、労働市場に入った当初から非正社員として働く人も、少なからずいる。このような変化の要因には、非正社員に対する、企業や従業員自身の考え方の変容があると思われるが、いずれにせよ近年になって非正社員が増加趨勢にあることは間違いない。

　さて、今回の分析における最大の関心事が、小企業の女性従業員であることはすでに述べたとおりである。その割合をグラフにより確認すると、二つほど指摘すべき事実に気がつく。まず、正社員と非正社員とを合わせてみると、小企業に勤務している女性は思いのほか多いことである。どのコーホートの、どの年齢段階においても、ほぼ10％程度は小企業従事者なのである。この数値には、小規模自営業層における典型的な就業状態である家族従業員[9]はカウントされていないことには注意を要する。小企業に被雇用者として勤務する女性が、決して稀なものではないと評価できるからである。

　さらに、小企業の正社員として働く女性の割合は、ほぼ数値が一定で、コーホート間で安定的に推移しているといえる。少なくとも、中

9　使用したデータでは、家族従業者という表現が使われているが、本章では、第1～3章に合わせ、家族従業員と表記した。

小企業・大企業のデータと対比した場合には、特徴的に映るのではなかろうか。中小企業・大企業の正社員女性は、コーホートが若くなるにつれ、大きく減少している傾向がある。しかしながら、小企業の正社員は、そこまでの減少をみせてはいない。とはいえ、増加しているわけでもないので、安定的と表現されるべきである。

　これは、小企業のほうが、女性の被雇用労働者が定着しやすいことを意味するのであろうか。この点こそが、次の(2)以降の分析で問われる中心的な課題となる。

(2) 転職・離職・再入職

　次に、第2節で定義した転職、離職、再入職について、その比率を男女別に検討していきたい。結果は、図4－2から図4－4のとおりである。グラフの横軸には、学校卒業後に最初に勤めてからの年数を、「初職からの経過年数」として示した。経過年数であるので、無職であった年数もそのまま通算される。縦軸は、イベントの発生確率である。ある経過年数において、転職、離職、再入職が生じた人が、全体のなかでどれだけの比率になるかを表示した[10]。

　まず、図4－2に示した転職率からみていこう。男性においては、初職に入ってからの経過年数に沿って、基本的には緩やかな右下がりの傾向となっている。転職は、キャリアの最も早い時期に発生しがちであるということだ。ただし、本当の最初である1年目ではなく、だいたい2年目から5年目の間に転職率のピークがある。

　コーホート間で比較すると、世代が若くなるにつれ、男性の転職率は上昇してきた様子がうかがえる。経過年数の一つ一つをみるとやや変動が大きく不安定な結果であるものの、それをならしてみると、お

---

[10] ここでのイベントの生起確率は、通常用いられる単純な比率そのものである。なお、転職率および離職率の計算における分母は1期前の就業者数、再入職率の計算における分母は1期前の無職者数である。

第4章　女性のキャリア移動と小企業

図4-2　転職率の趨勢

(1)　男　性

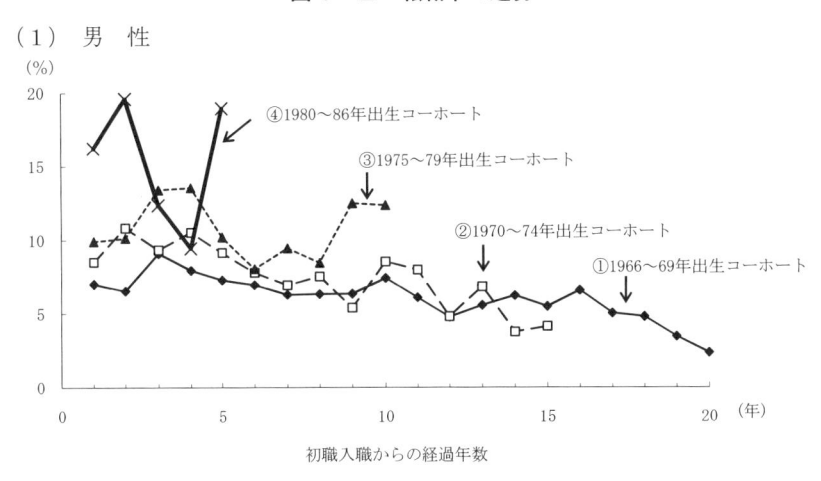

④1980～86年出生コーホート
③1975～79年出生コーホート
②1970～74年出生コーホート
①1966～69年出生コーホート

初職入職からの経過年数

(2)　女　性

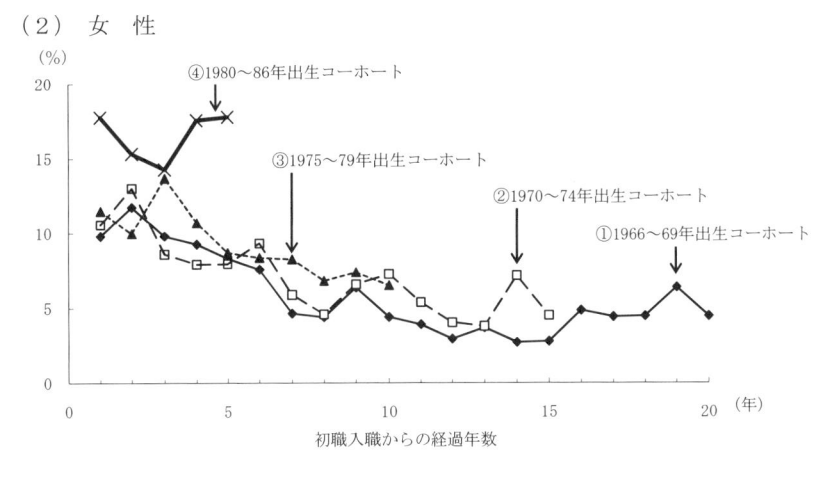

④1980～86年出生コーホート
③1975～79年出生コーホート
②1970～74年出生コーホート
①1966～69年出生コーホート

初職入職からの経過年数

　おむね転職率のコーホート趨勢は単調増加パターンを示すといえる。
　女性の転職率も、初職からの経過年数にしたがって下がるという傾向は、男性と同様である。ただし、女性のほうがややその傾きが急であるようにみえる。転職率は、キャリア開始直後では男性と比べて女性のほうが相対的にやや高く、中年を迎えたころになると逆に女性のほうが若干低くなっている。

コーホート間での変化は、男性におけるものと比較すると明瞭ではない。最も若い④1980～86年出生コーホートだけは突出して転職率が高いが、それ以外のコーホートはさほど大きな違いはない。

　続いて、離職率を検討してみよう。図4－3によると、男性の離職率は、先にみた転職率と比べて明らかに低い水準にある。初職入職からの経過年数に伴う変化は小さく、ほぼフラットである。もっとも離職率が低い値しかとらないので、これは当然の結果ともいえる。一つだけ例外的に、最も若い④1980～86年出生コーホートにおいて、キャリア開始後少し経ったあたりで離職率が他のコーホートよりも高くなっているようにみえるが、決定的な傾向差とまではいえない。

　一方、女性の離職率を男性と比べると、パターンにいくつか男女差があることがわかる。第1に、女性のほうが、全体的に離職率が高い。この知見は、女性では、結婚や出産に伴う離職が無視できない割合を占めることを考えれば、驚くことではない。第2に、経過年数と離職率の関係が、二次曲線に近い形状を示している。男性では離職率の増減はみられなかったが、女性では明らかなパターンがある。コーホートによりばらつきはあるものの、だいたい3年目から7年目くらいをピークとした上に凸の山型となっている。この傾向は、結婚や出産がもたらすものと解釈できるだろう。コーホートによる違いは不明瞭で、傾向はつかみ難い。

　次に、無職から就業状態へと移る再入職を分析する。図4－4から一見してわかることは、男性における再入職率の絶対的水準の低さであろう。無職であった男性のうち、その1年後に何らかの職に就いている割合は、わずか2％弱にすぎないのだ[11]。やはりここでも、数値の水準があまりに低いためか、経過年数による変化も、コーホート間での趨勢についても、いずれも傾向はつかめない。

11　分析に用いたデータの特徴とそれに伴う注意事項は、三輪（2011）を参照。

図4－3　離職率の趨勢

（1）男　性

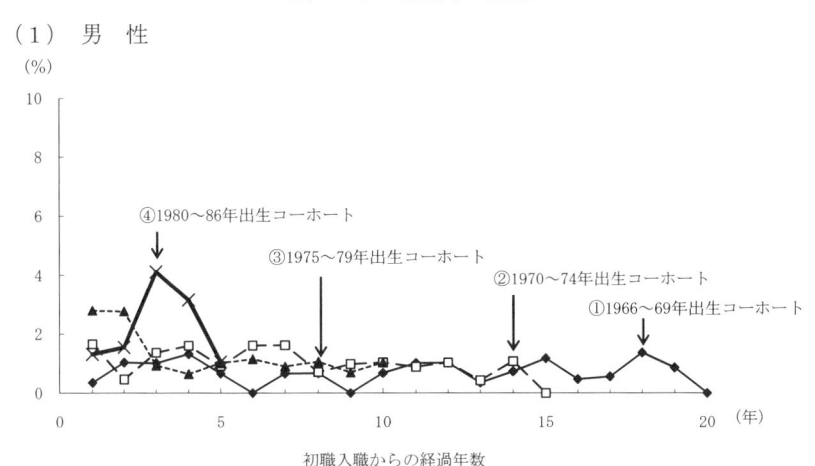

④1980～86年出生コーホート
③1975～79年出生コーホート
②1970～74年出生コーホート
①1966～69年出生コーホート

初職入職からの経過年数

（2）女　性

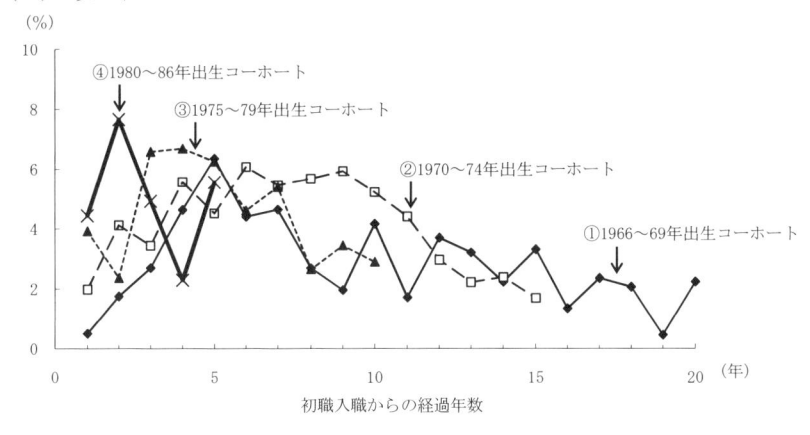

④1980～86年出生コーホート
③1975～79年出生コーホート
②1970～74年出生コーホート
①1966～69年出生コーホート

初職入職からの経過年数

　これに対し、女性の再入職率は、グラフをみる限り男性と比べて高いといえそうである。そして、どちらかといえば、初職入職からの経過年数に従い、漸増していく傾向にある。さらにいえば、その傾向は若いコーホートのほうでより顕著になっている。最も年齢の高い①1966～69年出生コーホートに注目すると、初職入職より15年が経過したあたりにピークがあることがわかる。これは、あまり手がかからなくなる

図4-4 再入職率の趨勢

(1) 男 性

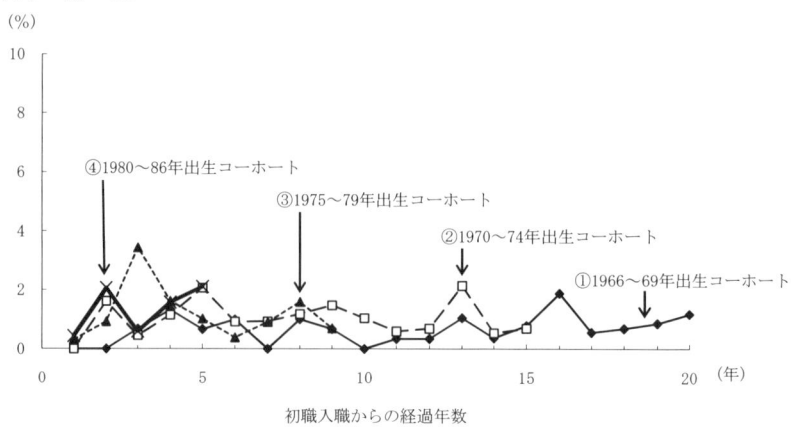

④1980～86年出生コーホート
③1975～79年出生コーホート
②1970～74年出生コーホート
①1966～69年出生コーホート

初職入職からの経過年数

(2) 女 性

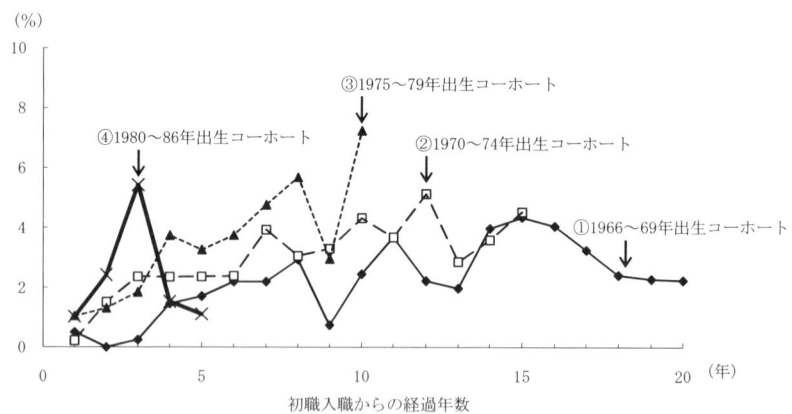

③1975～79年出生コーホート
④1980～86年出生コーホート
②1970～74年出生コーホート
①1966～69年出生コーホート

初職入職からの経過年数

くらいに子どもが成長したということを受けてのものだろう。

　ここまで、転職、離職、再入職の比率について検討してきた。それらを総合してみえてくる現代日本の若年女性たちのキャリアの姿を一言でまとめるなら、「流動化」である。早期に転職する傾向は近年強まりつつあり、また一方で、無職の人が再入職する傾向も、若いコーホートにおいて強まりつつある。非婚化や晩婚化といった社会状況下

で、従来型のものとは異質な女性キャリアの中断と復帰のパターンができつつあるのではないか。そう推察せざるをえない結果として読み取れる。ただ、そうした本格的な流動化の背景には、非正規雇用労働の増加も無視できない影響を及ぼしていることも想像できる。

それでは、流動化する女性の労働市場のなかで、小企業で働くことはどのような意味をもちうるのだろうか。(1)の分析から、小企業に勤める女性の正社員が一定比率であることを見出し、小企業は女性が定着しやすいとする仮説を得た。また(2)の分析からは、女性の労働市場が流動化していく様相を確認した。それをみる限り、若年女性はキャリアの流動性を強めつつあり、小企業の従業者も例外ではないように思われる。これら二つの観察された事実は、小企業に勤務する女性たちは辞めにくいのか、それとも辞めやすい傾向が規模に変わらずあるのか、二つの相対立する含意を喚起する。次の(3)では、イベントヒストリー分析によって、小企業勤務と、転職、離職、再入職との関連にせまる。

(3) 誰が職場を去るのか

誰が企業勤めを辞めやすいのか。図4－5は、それを検討するためのイベントヒストリー分析の結果を抜粋し、グラフ化したものである[12]。

なお、縦軸はオッズ比であり、該当する変数が1単位増えた場合に、被説明変数であるイベントの起こりやすさが何倍になるかを示している。今回の推計では、失業率を除けば、すべてダミー変数[13]であるため、該当した場合にはイベントの発生確率がオッズ比の分だけ上昇するという意味になる。また、オッズ比が1のラインを基準として、グラフ中の棒が上に伸びていれば、その条件に該当すると、イベント

---

12 より詳細な分析結果については、三輪（2011）を参照。
13 該当する場合は1、該当しない場合は0となる変数。

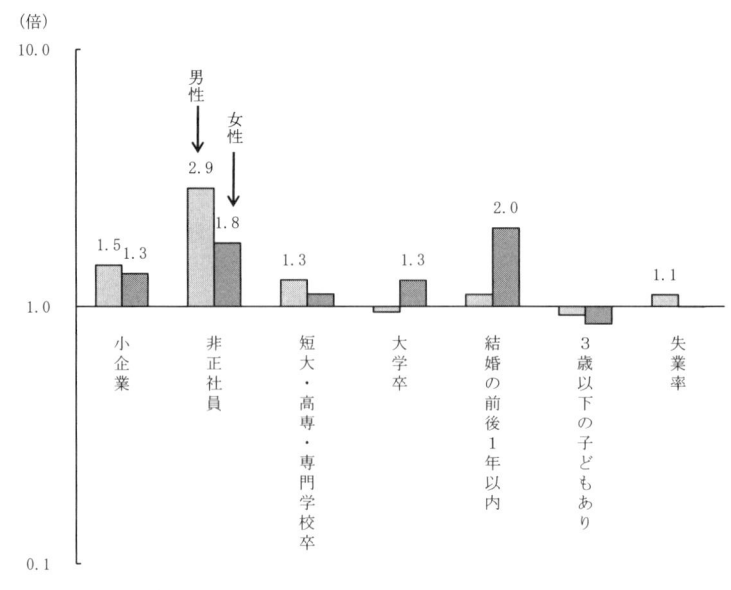

図4－5　男女の退職に関連する要因

(注)1　縦軸はオッズ比（対数目盛）。5％水準で統計的に有意な係数のみ、値を表示した。
　　2　失業率は％。その他はダミー変数。参照基準等は、次のとおり。以下、断りのない限り同じ。
　　　「小企業」に対し「中小企業・大企業」（企業規模）
　　　「非正社員」に対し「正社員」（就業状況）
　　　「短大・高専・専門学校卒」「大学卒」に対し「中学・高校卒」（「大学卒」には大学院卒を含む）
　　　「結婚の前後1年以内」に対し「それ以外」
　　　「3歳以下の子どもあり」に対し「3歳以下の子どもなし」
　　3　推計には、図に示した以外に次の変数を投入したが、記載は省略。以下、断りのない限り同じ。
　　　「勤務年数（年）」「勤務年数二乗」「何番目の職場か（1番目、2番目、3番目以降）」
　　　「母親の就業状況（正社員、経営者・家族従業者、非正社員、無職）」

グラフのデータ：
- 小企業：男性1.5、女性1.3
- 非正社員：男性2.9、女性1.8
- 短大・高専・専門学校卒：男性1.3
- 大学卒：女性1.3
- 結婚の前後1年以内：女性2.0
- 3歳以下の子どもあり：（下方向）
- 失業率：1.1

がより早く起きやすいということを示す。逆に、棒が下に伸びていれば、その条件に該当すると、イベントがより起きにくいということである。

では、まず男性の結果に注目しよう。「小企業」のオッズ比は1を超えている。これが意味するのは、オッズ比の分だけ早くイベントが起こりやすいということである。つまり、「小企業」の従業員は、「中

小企業・大企業」の従業員よりも、1.5倍程度退職しやすいのだ。

そのほか、「非正社員」は「正社員」よりも、学歴に関しては、「短大・高専・専門学校卒」は「中学・高校卒」よりも、退職しやすい傾向がある。一方、「結婚している」こと、「3歳以下の子どもあり」ということは、退職には影響しないようだ。

さらに、失業率のオッズ比も1を超えている。これは、失業率が高いときほど、退職が起きやすいことを示唆している。つまり、労働市場が緩くなっているほど勤めていた企業を辞めやすいことがうかがえる。

次に、女性の結果をみてみよう。まず重要なのは、企業規模の効果である。小企業のオッズ比は1.3倍であり、小企業に勤務していると辞めやすいという傾向が裏づけられた。効果の大きさも、ほぼ男性と同等といえる。「非正社員」がやはり退職しやすい傾向があるのも男性と同じである。しかし、その効果は、女性のほうが小さめである。これは、男性は正社員があまり辞めないので、非正社員と正社員との間に退職率の大きな差が出がちであるのに対して、女性は正社員でも比較的退職することが多いために非正社員との違いが小さく検出されるということだ。

学歴についても、男女では効果のパターンが異なる。女性では、「短大・高専・専門学校卒」は有意ではなかったがオッズ比は1を超えており、「大学卒」のオッズ比は1.3倍となるなど、学歴の上昇に伴って、退職する確率が高くなる傾向にある。

また、結婚の効果も有意であった。結婚の直前から直後の時期には、それ以外の時期よりも、退職する傾向が明らかに強い。オッズ比にして、およそ2倍相当になる。

やや不思議なのは、子育てに時間および労力を要する3歳以下の子どもの存在が、退職イベントの発生と関連していなかったことである。ただ、この点は、後に明らかにするように、離職と転職とでメカ

ニズムが異なることによるものである。

　なお、図には示さなかったが、過去の母親の就業状態の効果については、就業状態のカテゴリーのいずれの組み合わせでも有意差はみられなかった。母親が働いていたほうが、その娘たる女性が勤め続けるようになるのではないかと想定したが、データからは支持されなかった。

　ここまでは退職イベントについて分析してきたが、いったん退職した人たちはその後、どのような就業状態へと移るのだろうか。特に、ここまでの分析で比較的退職しやすいことが明らかにされた小規模企業に勤めていた女性たちは、仕事を辞めた後にどのようになるのか。ここでは、「大企業への転職」「中小企業への転職」「小企業への転職」「離職」を従属変数として分析した。

　結果を、図4-6より確認したい。先に男性の結果からみると、次のことがわかる。

　まず、それまで働いていた企業の規模の効果は限定的である。従属変数のうち「小企業への転職」に対してのみ、「小企業」で働いていた人のオッズ比が統計的有意に1を超えた。小企業は職務の分業の程度が小さく、そこでの勤務経験は総合的な職務能力を高めるといった、人的資本に関わるものと解釈できるように思われる。

　それに対し、非正社員の効果は一貫している。すなわち、転職であろうと離職であろうと、すべて有意な効果がある。このことは、非正社員という立場に内在する本質的な不安定性に起因している。辞めさせられることも、自ら辞めていくことも、いずれもあるだろうが、早期の退職は非正社員に集中して起きる現象なのだ。

　そのほかでは、失業率の効果が注目される。基本的には、失業率が高いほど、転職や離職がなされやすいという傾向がみて取れる。しかしながら、小企業への転職だけは、失業率の影響を受けていない。労働市場が逼迫しているのか、それとも緩んでいるのか、そうした需給

第４章　女性のキャリア移動と小企業

図４－６　男女の転職・離職と関連する要因

(１) 男　性

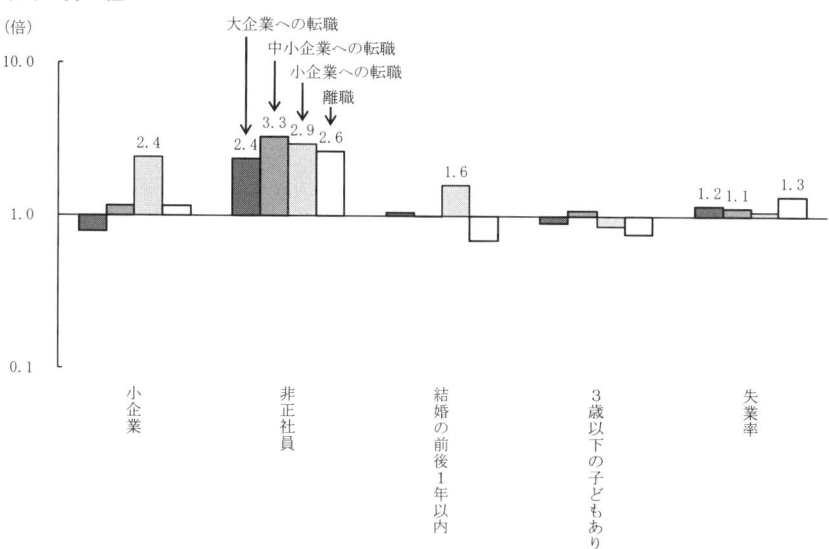

(倍)
- 小企業： 2.4
- 非正社員：大企業への転職 2.4、中小企業への転職 3.3、小企業への転職 2.9、離職 2.6
- 結婚の前後１年以内： 1.6
- ３歳以下の子どもあり：（該当値記載なし）
- 失業率： 1.2、1.1、1.3

(２) 女　性

(倍)
- 小企業： 2.2、1.2
- 非正社員：大企業への転職 2.5、中小企業への転職 1.7、小企業への転職 1.6、離職 1.6
- 結婚の前後１年以内： 4.4
- ３歳以下の子どもあり： 0.2、0.3、0.2、1.8
- 失業率： 0.9、1.2

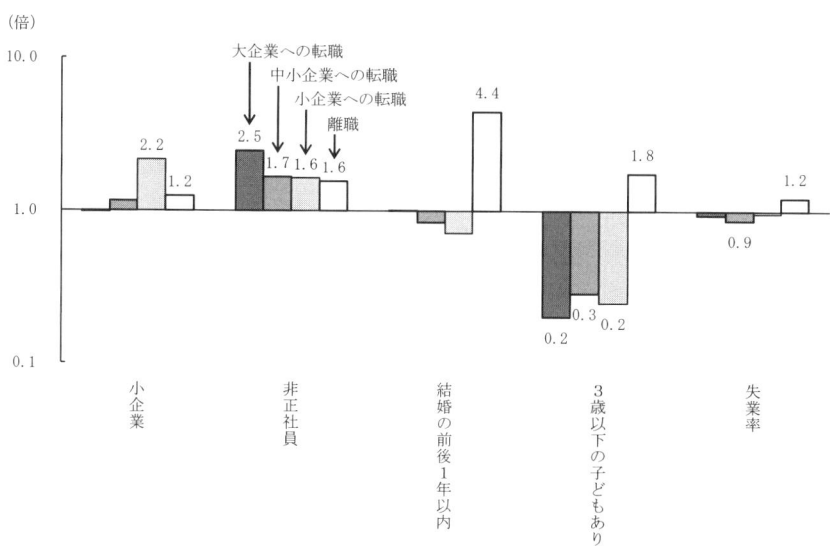

(注)　図４－５に同じ。ただし、学歴に関する変数は記載を省略。

状況に左右されるのは一定以上の規模の企業の採用においてであって、小企業の人材採用に対しては関連がないことはないにせよ、比較的弱いのかもしれない。

次に、同じく図4－6より、女性の転職・離職を促す要因を検討しよう。

女性でも、男性同様に、小企業に勤めている者は、小企業への転職がより起こりやすいというデータが得られた。さらに、男性とは異なり、小企業で働いていた者のほうが、中小企業・大企業の従業員よりも、有意に離職しやすいという結果も得られた。先ほど、図4－5の分析で、小企業に勤務している女性が退職しやすいことを示したが、その実態は、再び別の小企業へと移ることと、離職することで、おおむね説明が可能だということだ。

失業率の効果は、男性のそれとは大きく異なる。離職に対して効果があるのは同じだが、転職については違った結果となった。中小企業への転職に至っては、オッズ比が有意に1倍未満となった。女性の場合は、労働市場の状況と転職とがそれほど強く結びつかないのかもしれないし、小企業への転職でみられたように、むしろ逆に労働市場が緩いほうが転職行動が抑制されるのかもしれない。

それ以上に男性と顕著に異なるのは、家族に関する変数の効果である。男性の場合、結婚したことで離職しやすくなる傾向はまったくみられなかったが、女性では非常に大きな効果がある。結婚した前後の時期は、それ以外の時期に比べ、オッズ比で4倍以上も離職が起きやすいのである。一方、3歳以下の子どもがいる場合には、いない場合に比べて、離職しやすく、転職はいずれの規模に対しても発生しにくいという結果になった。女性は、乳幼児がいると、離職しやすくなる一方で、転職は控える傾向にあるということだ。これは、労働市場で新たに職を探すことは、小さな子どもがいるときには難しいことを反映していると思われる。この、乳幼児がいると離職しやすくなるとい

う結果は、日本女性のキャリア中断の主要因として知られるものなので、自明の結果ともいえる。とにかく、このように小さな子どもの存在は、転職と離職とで逆方向に影響することから、それらが相殺しあって、図4－5の退職の分析では効果がないかのようにみえていたということが理解できよう。

(4) 誰が職場に戻るのか

　ここからは、いったん無職になった女性が、被雇用労働者としてどこかの企業へと戻るという、再入職の過程を分析したい。ここでも再入職先の企業規模により、大企業、中小企業、小企業と、従属変数が三つの値をとるようにして分析を行った。なお、男性については、ケースが非常に少ないため、残念ながら分析を断念した。従って、ここでは女性のデータのみ紹介する。

　図4－7から結果を確認すると、かつて小企業へと勤務していた女性たちの再入職しやすい傾向が最も目立つ。離職直前に小企業に勤めていると、中小企業や大企業に勤務していた人たちと比べて、オッズ比で測ると大企業への再入職では3.5倍、中小企業への再入職では7.9倍、そして小企業への再入職においては30.8倍も再入職しやすいのだ。特に小企業への再入職における際立った違いは、驚くほどの水準といえる。イベントヒストリー分析は、時間をも扱っているので、ここで再入職しやすいというのは、同時に再入職が早くなりやすい、という意味でも解釈可能である。従って、小企業で勤務経験のある女性は、離職してもすぐにまた働きはじめる傾向があり、とりわけ小企業へと素早く移ることが特徴的であるとまとめることができる。

　離職前に非正社員として働いていた人は、比較的規模の大きい企業へと再入職していくようだ。もっとも、小企業を含めすべての企業規模において有意にプラスの効果を示していることから、もとは非正社員だった女性が再入職しやすいことは間違いないだろう。そのうえで、

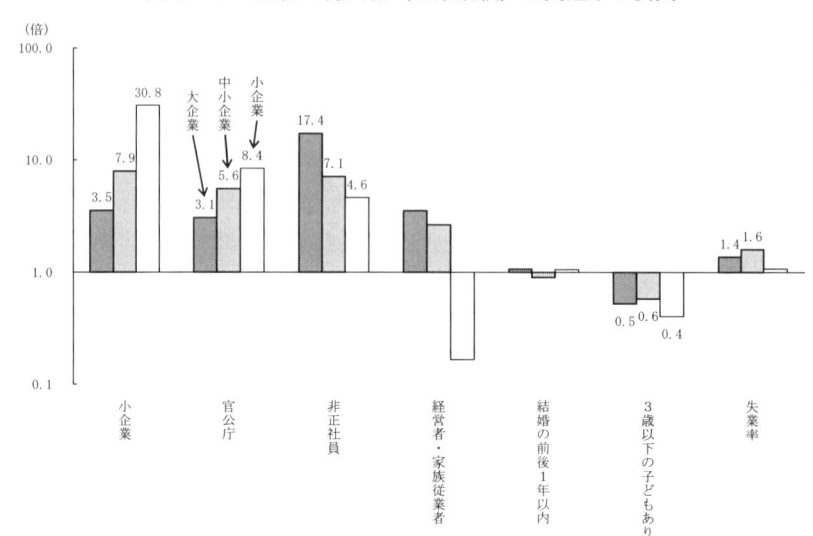

図4－7　女性の再入職（企業規模）と関連する要因

（縦軸：倍、対数スケール）

項目別の値：
- 小企業：3.5、7.9、30.8
- 官公庁：3.1（大企業）、5.6（中小企業）、8.4（小企業）
- 非正社員：17.4、7.1、4.6
- 経営者・家族従業者：（3本の棒、最後は約0.2）
- 結婚の前後1年以内：（約1.0付近）
- 3歳以下の子どもあり：0.5、0.6、0.4
- 失業率：1.4、1.6

（注）図4－5に同じ。ただし、学歴に関する変数は記載を省略。また、企業規模、就業状態に関する変数は図4－5とは異なり次のとおり。
「小企業」「官公庁」に対し「中小企業・大企業」（無職になる直前職の企業規模）
「非正社員」「経営者・家族従業者」に対し「正社員」（無職になる直前職の就業状況）

特に大企業へと再入職する傾向が強いというわけである。ただこれは、大企業といっても非正社員としての入職であるかもしれない。この論点については、後ほど追加的に検討したい。

再入職に関しては、結婚の効果はみられない。だが乳幼児の存在は、女性の就業復帰を妨げる要因となっているようだ。特に、小企業への再入職において、3歳以下の子どもがいることの効果は比較的大きいものとなっている。それだけ、子育て期の母親が、小企業の職に就くのは困難であることを物語っている。大企業に比べて、子育てをしながら働く母親を支える制度が不足しているゆえかもしれないし、他の要因によるのかもしれない。この点は、稿を改めて別途検証が必要な課題と思われる。

また、失業率の効果についても、興味深い結果が観察されている。

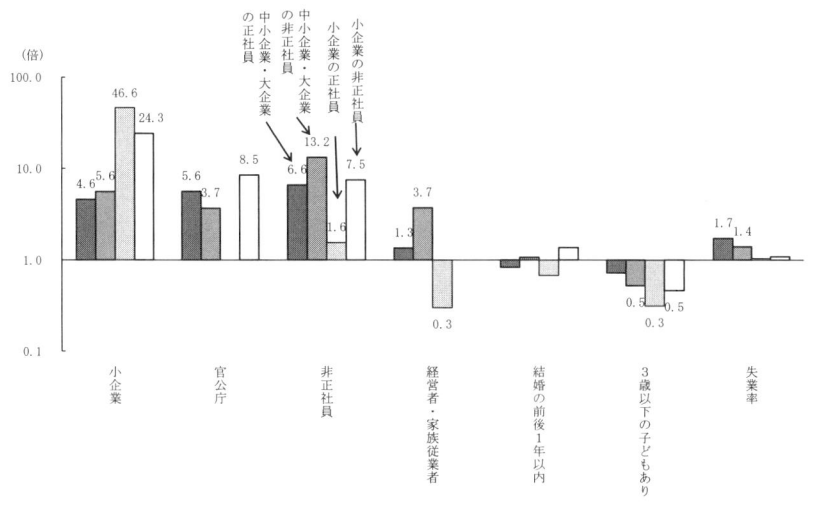

図4-8 女性の再入職（就業状態・規模）と関連する要因

グラフ中の数値：
- 小企業：4.6、5.6、46.6、24.3
- 官公庁：5.6、3.7、8.5
- 非正社員：6.6、13.2、1.6、7.5（中小企業の正社員、中小企業の非正社員、大企業、小企業の正社員、小企業の非正社員）
- 経営者・家族従業者：1.3、3.7、0.3
- 結婚の前後1年以内
- 3歳以下の子どもあり：0.5、0.3、0.5
- 失業率：1.7、1.4

（注）図4-7に同じ。

　図4-6でみた男性の転職に対する失業率の効果と類似したパターンが、この図4-7にも表れている。すなわち、大企業や中小企業への再入職には、失業率の効果が出ているのに、小企業への再入職に限っては失業率とは関連が見出せないのである。繰り返し観察されたこの事実は、小企業にだけ当てはまる特有の傾向とみてよいのではないだろうか。

　最後に、企業規模と就業状態とを組み合わせて、再入職にみられる小企業の特質を探ることとしたい。ここでは、企業規模を2カテゴリー（小企業、中小企業・大企業）、就業状態も2カテゴリー（正社員、非正社員）にそれぞれ分け、それらを組み合わせた四つのカテゴリーからなる状態への再入職を分析する。

　その結果が図4-8である。この図からさまざまな要因が再入職に効果を及ぼしていることがわかる。離職直前に非正社員として働いていると再入職しやすいという結果をすでにみたが、それはどの就業状

態と企業規模の組み合わせに対しても通用する話ではない。大企業の正社員への再入職にはプラスの影響があるが、それ以上に大きな効果が、大企業の非正社員への再入職においてみられる。つまり、非正社員を経験した女性は、無職になってから相対的に早めに、非正社員へと再びなるという仕組みが垣間見える。若年女性の労働市場のなかで、量的拡大を遂げた非正社員は比較的入れ替わりやすくなっており、あるときは無職になったり、またあるときには無職から再入職したりと、キャリア移動の構造が流動的であることが、この分析結果からもうかがえるといっても言いすぎではなかろう。

3歳以下の子どもの存在は、図4－7と同様に、再入職をしにくくさせる要因となっている。ここで、同じ小企業でも、そのなかで正社員として働く場合に、乳幼児がいる際の再入職への大きなマイナスの効果がいっそう顕著であることに気づく。再入職と乳幼児の存在の間の負の関連は、小企業の正社員であるときに強くなるのである。

注目に値するのは、無職になる直前に小企業に勤めていたことの効果であろう。ここまで観察されたように、ただ小企業へと再入職する傾向が高いというだけではない。小企業のなかでも、正社員になるケースのほうが、以前も小企業で勤務していたことが色濃く影響する。この結果によって、たとえ現在無職であっても、昔働いていた企業が小企業ならば、それがむしろ再入職のときに正社員としての雇用を後押しする要素へと転じうることが示されたといえる。

4　小企業と女性のキャリア

(1) 小企業で働く女性の規模と定着性

本節では、これまでに検討した実証分析結果を踏まえて、女性のキャリアにおいて小企業がいかなる意味をもっているのか、総合的に

議論をしたい。まず、小企業で働く女性の規模（ボリューム）とその定着性についてである。すでに、小企業で働く女性の規模が相当数に上ること、とりわけ正社員がいずれの世代のいずれの年齢においても一定以上存在することを確認した。ここで重要なのは、一定規模存在する小企業勤務女性たちは、絶えず流動的に入れ替わっていることである。すなわち、女性が小企業に勤務すると、相対的には辞めやすい傾向にあるが、その反面、離職してから早期に労働市場へと復帰しやすいのも小企業での勤務経験がある女性なのである。結局のところ、小企業へと定着するというよりも、小企業での就業経験を活かしてその後キャリア形成をしていく女性たちの姿が浮かび上がってきた。

第1章では、小企業の女性はどちらかというと勤続年数が長いという知見が得られているので、本章の分析結果は一見すると矛盾するよう映るかもしれない。しかし、この食い違いは、両者が対象としたデータの性質により説明がつく。第1章で使用したアンケート調査では、従業員の年齢に制限を設けていないのに対して、本稿で利用したJLPSデータでは40歳までの職業経歴を対象としている。つまり第1章のデータは、高齢になっても小企業で働き続けている女性を含んでいるのである。定年制度がある小企業は比較的少ないので、高齢女性は、小企業ならば勤務を続けやすいのではないだろうか。一方、本章のデータは、若年期のキャリアだけを取り出したので、企業規模が小さいほうが定着しないという結果になったのだろう。別のデータによって初職からの退職だけを扱った研究では、企業規模が小さいと女性は退職しやすいという結果が得られている（中澤、2008）。一方、60歳代までの全キャリアを対象にした研究は、企業規模は退職しやすさとは無関連としている（平田、2008）。これら二つはまったく同じデータを用いた分析にもかかわらず、知見は分かれているのだ[14]。

---

14 さらにいうと、使用した統計解析手法は、どちらもイベントヒストリー分析の範疇に入るモデルである。

こうした事実を総合的に考察すると、やはり若年期においては、小企業にて従業した者のほうが、一つの企業へと定着することはせずに企業を辞めたり、再び入職したりと、労働市場において流動的に移動をするとみるのが妥当と思われる。小企業の勤続年数の平均的な長さに注目したいときには、中年期以降のキャリアに焦点を当てた分析をするべきであろう。

　では、小企業でキャリアを積む女性たちの流動性には、どのような意味があるのか。流動的であることで、より悪い状態へと深みにはまっていくような悪循環に陥っているとみるべきだろうか。本稿の分析に基づく限り、そのような悲劇的な話は描かれない。読み取れる解釈を以下に整理しよう。

(2) 小企業での勤務経験と再入職

　女性たちがキャリアを通して小企業へと転職あるいは再入職するときに、小企業で働いた経験は、その後小企業へと勤める際に有利に働く。小企業で勤務した経験のある女性は、大企業への転職、再入職を行いがちであるが、それ以上に小企業へと転職、再入職する傾向が強いことが明らかにされた。その結果にみられる一貫性は、小企業の採用条件と、小企業勤務経験者の培ったスキルや経験とが、うまくマッチングしていることを示しているのではないだろうか。大企業に比べ、小企業のほうが1人で多様な職務を担うことで、小企業に適した総合的な職務能力を高めやすいために、小企業での採用において小企業勤務経験がポジティブに評価される傾向があるのかもしれない。

　さらに、小企業勤務の経験は、正社員への再入職を後押しするものとなっている。小企業へと再入職をするのであれば、小企業で勤務した経験者は、明らかに正社員として再入職する傾向がある。この背景には、第1章で示されたように、まず、中小企業や大企業と比べ、小企業は女性正社員の割合が多いことがある。言い換えれば小企業では

相対的に女性の正社員のポストが多めだということである。しかしそれだけでは、なぜ大企業勤務経験者に比べ、小企業勤務経験者が小企業の正社員になりやすいのかを説明しきれない。考えられる理由の一つは、先に述べた小企業特有のスキルの問題である。さらにもう一つは、小企業の人材採用の特性である。

(3) 小企業の人材採用・育成と満足度

　企業規模が小さいほど、家族や友人のネットワーク、つまり社会的ネットワークを活用した求人をする傾向があるといわれる（国民生活金融公庫総合研究所、2008）。小企業はそのように、人のつながりを通して適材を探しているのであれば、ここまでみてきたような結果が得られるのはうなずけよう。ネットワークを通じて、小企業の正社員に適した人を、その人の過去の職業経歴を事前にスクリーニングしつつ探してきているのだ。その過程で、小企業へと勤務していたかどうかも、候補者を絞るための情報として用いられているのかもしれない。小企業の人材採用では、人を介して良い人を探してくることがあくまで基本である。それこそが、経営者からみても満足であり（国民生活金融公庫総合研究所、2008）、また従業員の満足度も保たれている事実[15]の基礎にあることなのだ。互いに、適した職場、ポストに見合うような人を、事前に選抜してから採用しているのだから、小企業の採用や就労をめぐる満足度の高さは、ある意味約束されたものだといっても過言ではなかろう。

　もちろん、満足度を維持・向上させる仕組みが、小企業に内在しているとみることもできる。採用と人材育成の都合上、そうせざるをえないという側面があるのだ。一般に、学歴は人的資本の指標とされるが、小企業は高学歴の人材を採用しにくい。高学歴女性は、大企業も

15　前掲図1-28〜図1-30参照。

しくは中小企業へと転職しがちである。それゆえ、新規の採用よりも、内部での訓練を通した人的資本形成を中心に据えた組織編成をしていかなければならない。そこで、社員が継続的に働き、意欲を維持させるため、さまざまな働きかけが必要となる。責任のある仕事を任せたり、資格取得などの補助をしたりと、それらのような方策を通して、社員の意欲と能力を向上させようとする。労働市場における不利な位置を逆手にとって、より豊かに働くことのできるよう職場環境を整えているわけだ。

このように、小企業の満足度が高いのは、まったく偶然とは考え難い。採用や育成のプロセスのなかに、社会的意味を帯びたメカニズムがあると考えるべきだろう。

(4) 小企業の採用と労働市場状況

社会構造レベルにおける大企業や中小企業との違いとして押さえておくべきは、労働市場の状況の影響を小企業では受けにくいという点である。労働市場が緩んでいるときに女性は離職しやすくなる、そのような結果が第4節では得られた。これは、女性のパネルデータをもとに分析した、樋口・阿部（1999）の結果とも整合的である。では、無職から再入職するときには労働市場の影響を受けるか否かと問われれば、全体としては、労働市場が緩いときほど女性の再入職は起きやすい、だが小企業に限ってみればそのような関係はみられない、と答えうる。小企業への再入職に関して、労働市場の影響は確認されなかったのである。

この知見を解釈する鍵も、小企業の人材採用にあると思われる。一般に、企業規模が小さいほど、人材採用の頻度が低いことが知られる（国民生活金融公庫総合研究所、2008）。小企業では、仕事の量の多寡に応じて必要な従業員数が実質的に決まるので、求人活動が労働市場の状況に対して敏感になるようなことはないのだろう。それに加え

て、人材を採用するときに、多くの人を同時に採用することも、小企業ではあまりない。従業員のうち、ある人が辞めるとなると、その人が担っていた職務をこなすに足る人をただ1人だけ採用するのが基本的な形態であろう。しかも、空いたポストを埋めるのに、社会的ネットワークを活用する傾向がある。ネットワークに強く依存し、それが有効に活用されるならば、もはや労働市場における余剰労働力の量は採用活動の成否に影響をもちえない。このことも、労働市場の状況と小企業の採用活動との関連を希薄にさせる一因ではないだろうか。小企業の場合、労働市場の需給とは相対的に独立の採用活動メカニズムが働いているとみるべきである。

(5) 女性のキャリアを通してみえた小企業の課題

ただし、分析結果から示唆される小企業の女性雇用に関する課題も指摘できる。その最たるものは、乳幼児を抱えた女性たちが、小企業へと再入職する傾向が弱いことである。中小企業や大企業についても、そのような女性は再入職しにくいのだが、それよりもいっそう小企業への再入職の壁は高いのである。これは、子育て期女性の就労支援制度の充実度の違いによると思われる。大企業などとは違い、小企業では、子どもの看護休暇、短時間勤務、所定外労働の免除などの制度が存在しないことが多い。もっとも、第1章で示されたように、小企業においても実態としては、仕事と育児を両立できるよう柔軟に対応している。実際には、大企業と比べても遜色なく、子育て期女性にとって働きやすい環境が、小企業にも用意されているのだ。

そのような実態レベルでの対応と就労環境は、広く知られるものにならなければいけない。求職者にとっては、制度の有無は情報として事前に把握することができるが、実態はなかなかよくわからない。そうなると、制度がない小企業は、子どもがいる主婦たちの再入職において、魅力的な選択肢として映らなくなってしまう。規模が小さいゆ

えに、小企業であるほど、優秀な従業員を1人採用することが特に大きな意味をもつ。そこで、子育て期にある優秀な女性社員候補を、制度の不在でみすみす逃すのは、小企業にとって損失が大きい。また一方で、本当は働きやすい良好な雇用機会を提供するはずの小企業から目を背けるのは、女性にとってもあまりに損失が大きい。小企業が自ら情報を発信して、その就労環境の良さを訴える必要がある。それと同時に、制度的な整備も徐々に進めていくことが肝要であろう。

(6) まとめ

総じていうと、女性にとって、キャリア形成過程で小企業に勤務することは、さまざまな利益をもたらす選択肢ではないかとの結論に至る。中小企業や大企業と比べると、小企業からは退職しやすいという結果は確かにみられた。しかしそれは、劣悪な環境からの脱出という意味をもつとは考え難く、むしろ、職場のなかで働き方を柔軟に調整するのと同時に、労働市場の内と外を出入りすることを通しても、自らの希望にかなう柔軟な働き方と生活との調和の達成へと近づけているのかもしれない。それを小企業が可能にできるのは、小企業が正社員でも非正社員でも大きな待遇の差異がみられず、かつ離職した後でも小企業勤務キャリアを評価して正社員採用へとつなげているからではないだろうか。現代日本では、女性のキャリアにおける小企業の意味は、流動化社会のなかで仕事と生活のどちらも妥協しない生き方へのスタートラインであるのかもしれない。

謝　辞

本研究は、科学研究費補助金基盤研究(S)(18103003, 22223005)の助成を受けて実施された、東京大学社会科学研究所の「働き方とライフスタイルに関する全国調査」(Japanese Life course Panel Survey, JLPS)を利用したものである。同調査の実施に当たっては、社会科学研究所研究資金、株式会社アウトソーシングからも奨学寄付金を受けた。データの使用に当たっては、社会科学研究所パネル調査企画委員会の許可をいただいた。記して感謝を申し上げる。

〈参考文献〉

岡本英雄・直井道子編（1990）『現代日本の階層構造4　女性と社会階層』東京大学出版会

国民生活金融公庫総合研究所（2008）『小企業で働く魅力』中小企業リサーチセンター

雇用職業総合研究所編（1987）『女子労働の新時代』東京大学出版会

雇用職業総合研究所編（1988）『女性の職業経歴―1983年「職業移動と経歴（女子）調査」再分析』

中澤渉（2008）「若年労働市場の流動性とは―生存分析アプローチから」佐藤嘉倫編『2005年SSM調査シリーズ15　流動性と格差の階層論』文部科学省科学研究費補助金（特別推進研究）研究成果報告書、pp.113-131

樋口美雄・阿部正浩（1999）「経済変動と女性の結婚・出産・就業のタイミング」樋口美雄・岩田正美編『パネルデータから見た現代女性―結婚・出産・就業・消費・貯蓄』東洋経済新報社、pp.25-65

平田周一（2008）「女性の職業経歴とライフコース―女性の就業はどのように変わったのか」中井美樹・杉野勇編『2005年SSM調査シリーズ9　ライフコース・ライフスタイルから見た社会階層』文部科学省科学研究費補助金（特別推進研究）研究成果報告書、pp.137-156

三輪哲（2008）『「働き方とライフスタイルの変化に関する全国調査2007」における標本特性と欠票についての基礎分析』（東京大学社会科学研究所パネル調査ディスカッションペーパーシリーズ10）

三輪哲（2011）「女性のキャリア移動における小企業の意味」『日本政策金融公庫論集』第10号、pp.59-87

渡邊勉（2008）「男女差からみた転職のパターン分析」渡邊勉編『2005年SSM調査シリーズ1　世代間移動と世代内移動』文部科学省科学研究費補助金（特別推進研究）研究成果報告書、pp.257-278

Acker, J.（1973）"Women and Social Stratification: A Case of Intellectual Sexism" *American Journal of Sociology*, 78(4), pp.936-945

Allison, P. D.（1984）*Event History Analysis*, Sage

Yamaguchi, K.（1991）*Event History Analysis*, Sage

事例編

①

従業者7人の企業に学ぶ
育児休業への対処法

(株)三友広告社

企　業　概　要	
代 表 者	森　伸雄、森　隆雄
創　　業	1971年
事業内容	広告の企画、制作
所 在 地	東京都江戸川区大杉4-6-16　2F
電話番号	03-3655-1321
Ｕ Ｒ Ｌ	http://www.vesta.dti.ne.jp/mac3-u
従業者数	7人（女性2人）

代表取締役会長
森　伸雄

　出産、育児による休業を経て職場に復帰する女性が増えている。だが、一時的とはいえ、休業者を抱える職場の負担は軽くはない。それが小さい企業ならなおさらだ。
　東京都江戸川区の㈱三友広告社は、経営者を含めて従業者が7人の企業である。その同社で、一人の女性社員が半年間にわたり、出産、育児のために休むことになった。7分の1の戦力ダウンに対し、同社はどのように対処したのだろうか。

不動産広告は女性の目線で

　同社は、1971年の創業以来40年にわたり、広告を制作してきた。新聞折込広告やパンフレットをはじめ、屋外広告やPOP、会社名入りの備品までを幅広く扱う。印刷は外注しており、デザインが同社の主な役割だ。

　取引先は100社ほどある。不動産関係の仕事が多く、一時は売上高の7～8割を占めたこともあった。バブル崩壊以後続いた業界の不振で取引先が減った今でも、売上高の約半分を戸建住宅やマンションの広告が占める。残りは、地元商店や学校などからの仕事である。商店ならポスターや立て看板、学校ならカレンダーや通信簿など、広告だけでなく、さまざまな印刷物のデザインを行っている。

　同社の従業者は7人。森伸雄会長夫婦と、息子で社長の隆雄さん、若手男性デザイナーが3人、経理担当の女性が1人、という構成である。会長と社長は営業を、会長の妻のミナミさんは総務を担当している。

　広告を制作するうえで同社が重視するのは、「読み手の目線」である。商品の売り手や広告のつくり手目線ではなく、あくまで買い手がどのような情報を求めているかを考えるべきだとの思いからだ。例えば住宅の広告をつくるとする。クライアントである住宅メーカーや不動産会社は、住宅の設備に関して、見た目の良さや機能の豊富さを真っ先にアピールしようとするかもしれない。だが、実際にその設備を買う側にしてみれば、実用性やランニングコストも気になるものだ。「住宅も広告もつくる側には男性が多いのですが、買い手や読み手は必ずしもそうではありません。何しろ、家のなかで長い時間を過ごし、キッチンや洗面所などの水回り部分をよく使うのは、女性です。彼女たちが住宅購入の決定権を握っているケースは、意外と多いと思いますよ」。伸雄会長は、こう分析する。

そこで同社では、デザインを仕上げる際に、妻のミナミさんや、経理担当の今岡さんの意見を聞くようにしている。彼女たちはデザインに関しては素人だが、消費者に近い目線をもつ。どんな情報が足りないか、どんな表現に惹かれるか。率直な意見をデザイナー達にぶつけてもらう。同社には、より現場に近い者の意見に耳を傾ける風土がある。

　こうした情報は、広告のデザインに反映させるだけではない。時には、クライアントに対して商品自体の改善を求める。住宅の玄関外側の照明に、人感センサーをつけるアイデアを提案したことがあった。玄関の照明は、いつも点灯させておく必要はない。帰宅時や来客時に点灯すれば十分だ。センサーをつけておけば、暗がりでスイッチを探す手間が省けるし、防犯にも役立つ。このアイデアは実際に採用され、消費者からは好評を博したという。

　クライアントの顔色をうかがいながら仕事をしたほうが、その場では気に入ってもらえるかもしれない。はっきりと物を言えば、商品にケチをつけられたと感じる相手もいるかもしれない。しかし、広告は、読み手に向けたものである。そして最後にはその効果が商品の売り上げに表れるとわかっているからこそ、率直な意見をクライアントにもぶつける。同社は、7人全員の力で、広告をつくっているのである。

初めての育児休業取得者

　そんな同社で、従業員の一人が半年間、会社を休むことになった。2004年の入社後、経理を一手に引き受けていた今岡さんだ。2007年の夏に第2子を出産することになったのである。

　何百人、何千人も従業員がいる大企業ならいざ知らず、7人しかいないメンバーの1人である。戦力ダウンは大きい。代わりの人を雇う手もあったのかもしれない。だが、伸雄会長は、今岡さんの復帰を前提とした育児休業制度を確立することを目指した。

同社で初めて育児休業を取得した今岡さん

　理由は、二つある。一つは、リスクとコストの問題だ。新しく従業員を募集しても、すぐに希望通りの人材の応募がある保証はどこにもない。しかも、首尾よく採用できたとしても、一人前に育成するのに時間がかかる。それに、休業者が出るたびに追加採用をしていては、仕事量とマンパワーのバランスが崩れかねない。
　もう一つの理由は、従業員の士気の問題だ。一緒に働く仲間が出産や育児などの個人の事情に直面したとき、経営者はどう向き合うのか。自分たちのことを本当に考えてくれているか、ついていくのに値する会社か、従業員たちはしっかりとみているのである。
　現場を第一に考える同社だけあって、働きやすい職場をつくる意識は、以前からあった。ただ、それまで育児休業の例はなかった。そこで伸雄会長はこれを機に、従業員の出産や育児にも目を向けることにした。知り合いの社会保険労務士からアドバイスを受けながら、すでにあった就業規則や労働協約に育児休業制度に関する項目を追加した。育児休業の権利は、法律で認められているが、あらためて明文化することで、社内への周知を図り、従業員に安心感を与える効果を狙ったのだ。

同社が活用した育児休業に関する助成金等

名　称	育児休業給付		育児休業取得促進等助成金	中小企業子育て支援助成金
	育児休業基本給付金(注1)	育児休業者職場復帰給付金(注1)		
支給対象	一定の要件のもとで、1歳未満の子を養育するために育児休業を取得した従業員	育児休業基本給付金の支給を受けた従業員（育児休業後に被保険者として引き続き6カ月雇用された場合）	一定の要件のもとで、雇用する労働者に育児休業期間中、3カ月以上にわたり経済的支援を行った企業	一定の要件のもとで、育児休業、短時間勤務制度を実施する、労働者数100人以下の中小企業（育児休業取得者、短時間勤務制度の利用者が初めて出た場合）
支給額	休業開始時賃金日額×支給日数×30%	休業開始時賃金日額×支給日数×20%	経済的支援額の4分の3(注2)	1人目：100万円 2～5人目：80万円
取扱機関	公共職業安定所	公共職業安定所	公共職業安定所	都道府県労働局

資料：厚生労働省ホームページ、東京労働局ホームページ、各機関への聴き取りをもとに筆者作成。
(注)1　制度改正により、2010年4月からは「育児休業基本給付金」と「育児休業者職場復帰給付金」が統合され、「育児休業給付金」となった。
　　2　中小企業の場合の助成率。なお、4分の3という助成率は暫定措置によるもので、原則は3分の2である。
　　3　制度は改正されることがあるので、利用を検討する場合は、それぞれの取扱機関に改めて確認願いたい。

　加えて、休業を取得しても従業員が生活を維持できるよう、手当ての制度を新たに設けた。もともと、雇用保険の育児休業給付（育児休業基本給付金および育児休業者職場復帰給付金）によって、賃金の50％は保障される。そこで同社が、残る50％を従業員に支払うことにしたのである。さらに同社が支払う賃金のうち、4分の3は、育児休業取得促進等助成金による補助を受けた。そのほか、今回は初めての育児休業取得者だったため、中小企業子育て支援助成金も合わせて受給できた。結局、会社が実質的に費用を負担することなく、今岡さんは、休業前と同じ収入を確保することができたのである。

バックアップは臨機応変に

　もちろん、休業者が出た場合に企業が対処すべきは、お金の問題だけではない。

第1に、それまで行っていた業務をどう穴埋めするかである。パートを雇うと休業期間が終わった後に辞めてもらいにくいし、人材派遣を頼めば追加のコストがかかる。だから休業中の仕事は、伸雄会長や役員が中心となり、皆で手分けすることにした。ミナミさんは、以前担当していたので、経理はわかる。営業担当の会長や社長も、デザイナーの男性社員も、今岡さんやミナミさんの仕事を少しずつ分担した。ほかの企業で働いている会長の長女に、休みの日に手伝ってもらったこともあった。残された戦力をすべて使い、まさに全社一丸となって、カバーすることにしたのである。

　第2に、休業中の情報提供である。期間の長短に関わらず、ブランクを経て職場に戻るのはだれでも不安なものだ。だから今岡さんとは、休業中も定期的に連絡を取り合った。互いの近況報告を行い、復帰後もスムーズに仕事を行うことができるよう、配慮したわけだ。

　こうしたサポートのかいもあって、今岡さんは、出産から半年後の2008年1月、職場に復帰した。徒歩で通勤できるところに住んでいることもあり、その後も子育てをしながら、経理業務に従事している。

　ただ、会社を休むのは、育児休業の期間だけに限らない。子どもが小さいうちは、病気やけが、学校の行事などで会社を休まなければならないケースは多い。同社では、育児に限らず、何か事情があるときは、そちらを優先して休むことを認めている。1～2時間の遅出や早退など、勤務時間に関しても融通を利かせている。男性女性は関係ない。従業員たちの間では、人員が限られている以上、互いに支え合って当然という暗黙の了解がある。ルールや形式ばかりにとらわれず、臨機応変に対応する。小企業には小企業のやり方があるということだ。

常に「もしも」に備える

　こうした育児休業の取得に同社が対応できたのは、その柔軟性ばか

りが要因ではない。日ごろからの備えも、見逃してはならないポイントだ。

　同社は普段から、経営の透明性と客観性を大切にしている。誰に何があっても対応できるよう、互いがどんな仕事を抱えているかといった情報を共有するよう努める。決算状況や経営方針についても従業員たちに伝える。就業規則や賃金台帳などをきちんと整備し、社内外の誰に対しても、規則や経営の実態について説明できるよう、形に残す。「もしも社長やわたしが急に休むことになっても、ほかの従業員が対応できるようにしてきたつもりです。こうした積み重ねがなかったら、助成金の申請のときも困っていたでしょう。賃金台帳や出勤簿などを育児休業取得の６カ月前にさかのぼって提出する必要がありましたから」と、伸雄会長は胸を張る。

　常に「もしも」に備える。重要だとわかっていても、なかなか面倒な作業ではある。小さな企業では、ルールづくりもままならず、また日々の仕事に追われていることもあり、どうしてもなし崩しになりがちだ。従業員の出産や育児といったイベントは、企業にとって、危機管理能力の試金石であるともいえる。

　その柔軟性と、先を見据えた地道な備えで、同社は７分の１の戦力ダウンを見事に乗り越えてみせた。その足跡からは、次のようなキーワードが浮かぶ。顧客志向、働きやすい職場づくり、臨機応変の対応、そして危機管理。どれも、今や経営の世界で当たり前のように語られる要素ではあるが、きちんと実行できている企業は案外少ない。当たり前のことを当たり前にできる。その一点に、同社の強さが集約されている。

（藤井　辰紀）

②

できることを少しずつ重ねて

来楽暮(株)
こ ら ぼ

企 業 概 要

代 表 者	村上 美佐江
創　　業	2007年
事業内容	土産物の製造、卸・小売
所 在 地	山口県玖珂郡和木町和木2-9-30-5 ※取材時は千葉県富里市
電話番号	0827-28-4632
Ｕ Ｒ Ｌ	http://www.kimonokuma.jp
従業者数	2人（女性2人）、 ほか内職10人（女性10人）

代表取締役
村上 美佐江(右)

取締役
畠山 小奈恵(左)
さ な え

　世の中には、働きに出たくても出られない人がいる。子育てや介護、健康上の問題など、その理由はさまざまだ。
　来楽暮(株)は、そんな事情を抱えた10人の主婦たちに、内職という働き方を用意した。彼女たちのもつ和裁や洋裁の技術を活かして、同社が送り出す土産物には、日本が世界に誇る「和の心」が宿っている。

世界に羽ばたく和の心

　「グランプリを受賞した商品について話が聞きたい」。受話器から聞こえた言葉に、村上美佐江さんは耳を疑った。電話の主は、とある新聞社の記者だった。心当たりがないわけではない。観光庁が主催する「VJC魅力ある日本のおみやげコンテスト2009」に、同社は確かに応募していた。
　出品したのは、「着物リメイク正絹(しょうけん)ストラップ」である。その名のとおり着物の生地を再利用し、和裁の技術で梅の花の形に仕上げた携帯電話用のストラップだ。前年の2008年は、最終選考まで進んだものの、落選していた。力を入れていただけに落胆は大きく、世の中はそう甘くないと痛感した。だから今度は、軽い気持ちで応募した。審査結果の発表日さえ、忘れかけていたくらいだった。
　記者からの電話を切った後、慌ててコンテストの事務局に連絡し、それが事実だと知った。680点もの応募のなかから選ばれた、栄えある受賞である。
　同社は、この着物リメイク正絹ストラップのほか、着物を着たテディベア「羽(は)ばたくま」や、和をイメージしたポーチ、コサージュ、スカーフなどの雑貨を製造、販売している。どれも着物や帯の生地を再利用したものだ。ネットショップで直販するほか、成田空港周辺や都内観光地にあるホテルの売店、和雑貨店などに卸している。外国人が日本旅行の思い出に買うのはもちろん、海外に出張や留学する人たちが、現地への土産用に買い求めるケースも多い。

創業は妹と二人三脚で

　振り返ると、ここまでの道のりは、決して順調とはいえないもの

「着物リメイク正絹ストラップ」(左)と「羽ばたくま」(右)

だった。

　創業のきっかけは、受賞から3年ほど前にさかのぼる。村上さんは、成田空港内の免税店でパート勤めをしていた。和雑貨を取り扱う店だ。かつて国際線の客室乗務員をした経験があり、また自宅から空港が近いことから、たまたま選んだ職場だった。

　店で扱う商品のなかに、外国人旅行者たちがとりわけ絶賛するものがあった。雑貨に用いられていた着物や帯の生地の美しさだ。日本人は見慣れていても、外国人にとっては珍しいものがある。いつしか村上さんは、日本の文化を誇らしく思うようになっていた。

　もっと喜んでもらえそうな商品はほかにないだろうか。何気なく、長野県に住む妹、畠山小奈恵さんに相談してみた。すると、裁縫の内職をした経験をもつ彼女は、たんすの引き出しに眠っていた古着をほどいて小さな着物を仕立て、家にあったテディベアに着せたものを送ってきてくれた。試しに店頭に飾ってみると、値札もつけていないのに、買いたいという人がすぐに現れた。その後も、何体か並べると

ころ、同じように売れていった。

こうした経験を重ねるうちに、日本の魅力を伝えるのが面白くなってきた。ただ、パートの立場では、好き勝手に振る舞うわけにもいかない。そこで村上さんは、畠山さんを誘い、2007年2月、来楽暮㈱を立ち上げたのだ。

いきなり小売店に卸そうとしても信用や実績がないし、店舗を構えるのもリスクが高いと考え、まずはネットショップから始めた。事業経営やパソコンに関する知識はほとんどなかったため、地元の商工会議所の創業塾やITセミナーにも参加した。

ところが、創業早々、同社は長いトンネルに入る。売り上げが思うように伸びない。ごまんとあるネットショップのなかから消費者に選んでもらうのは、容易ではなかった。ホームページを手直ししたり、商品を置いてもらえないかと小売店を訪ねて回ったりする、手探りの日々が続いた。

そして2年が過ぎ、創業時に用意した資金が底を突こうかというときに届いたのが、グランプリ受賞の吉報だった。おかげで新聞にも取り上げられ、注文が増えはじめた。知名度が上がり、商品を置いてくれる店も現れた。歯車が、少しずつ回りだしたのだった。

成長は主婦仲間とともに

着物リメイク正絹ストラップは、今では月に1,000個もの注文が入り、製造が追いつかないほどの人気を誇る。製造は、畠山さんが中心となり、長野県に住む30歳代から60歳代の主婦10人が内職で行っている。畠山さんが、近所付き合いやパッチワークのサークルなどを通じて集めた主婦仲間だ。

一人では手が足りないからという理由だけではない。実際、事業が軌道に乗る前から、仲間には少しずつ手伝ってもらってきた。彼女た

ちの多くは、家族の反対や、自身や子どもの健康が優れないなど、さまざまな事情で、パートにさえ出ることができない。その点、内職なら、都合の良い時間帯に、自分のペースで働くことができる。仕事を通じて生きがいを感じてもらいたい、主婦の潜在能力を引き出したい。村上さんには、そんな思いがある。

　もちろん、売り物である以上、いい加減なことは許されない。創業当初、梅をかたどったストラップを販促用に街角で無料配布したところ、一部のつくりが甘かったために「梅には見えない」と指摘され、残る在庫の大半を手直しした苦い経験もある。そのため、製造責任者の畠山さんは、主婦たちからプロ意識を引き出そうと心を砕く。週に一度は集荷と検品を兼ねた集まりをもつ。新商品の製造に入る前には、講習会を行い、全員の技術レベルを一定水準にまで引き上げる。

　プロ意識が高まるにつれ、彼女たちの間からは、仕事に関する提案が次々と出るようになった。どうすれば見栄え良く、効率良く縫えるか。どうすれば商品の魅力が消費者に伝わるか。実際に取り入れた提案も少なくない。例えば、商品への思い入れを知ってもらおうと、小さな解説書を添えるアイデアだ。着物の生地を再利用していることや、梅は日本では縁起が良い花とされていることなどを、日本語・英語・中国語・韓国語の4カ国語で綴った。話し合ううちに、こうした改善提案だけでなく、新たな商品の企画が浮かぶこともある。

　働き方は各人に任せている。ノルマは課さない。増産は思うようにはいかないが、人を無理に増やそうとはしないそうだ。最近では手伝いたいという申し出も多く寄せられる。そのなかから、腕と心を見極めて、採用の可否を決めている。和裁は地道で、根気のいる作業だ。どんなに腕が良くても、いい加減な姿勢で臨めば、出来栄えにすぐ表れる。だから、一つ一つ心を込めてつくってくれそうな人に頼むようにしている。妥協はしない。村上さんは彼女たちを「職人さん」と呼ぶ。その呼び方に、腕と心を兼ね備えた人たちへの敬意がにじむ。

なぜ、ここまでして、主婦の生きがいにこだわるのか。村上さん姉妹は、二人とも、過去に大病を患い、乗り越えた経験をもつ。壁を乗り越えて頑張ろうとする人の思いは、誰よりもよくわかっているのだ。
　歩合制のため、手取りの収入が月数千円にしかならない人もいる。家計の足しにもならないかもしれない。それでも、頑張ろうとする女性たちに思いを遂げる場所を用意した点で、同社の取り組みには大きな価値がある。

熱意が厚意を引き寄せる

　村上さんの熱意は、消費者だけでなく、さまざまな人に伝わる。そのなかの一人が、テディベア作家の立島静子氏だ。作品が東京の地下鉄のマナーポスターに採用されたこともある著名人である。
　村上さんは、商工会議所の会報で、立島氏が隣町に住んでいることを偶然知った。羽織る着物が「本物」なのだから、テディベアも「本物」を使ってみたい。そう願うようになった。
　ただ、すでに70歳を超えていた立島氏は、新しい仕事は受けないというのがもっぱらの噂だった。しかし、あきらめきれない村上さんは、思い切って直接頼みに行った。日本の文化を世界に伝えたいこと、同社が主婦たちの思いを背負っていることを熱心に訴えかけた。すると、驚いたことに、協力を約束してくれたのだ。
　ブランド物のテディベアだけあって、これを使った「羽ばたくま」は、４万円ほどもする。量産品のテディベアを使ったものの10倍近い価格だ。にもかかわらず、コンスタントに注文が入る。一つ一つ手づくりのため、今では納品まで数カ月待ちとなる人気商品となった。「まさかここまで売れるとは思わなかったと、立島先生も驚いていました。ほんの軽い気持ちで手を差し伸べてくれたのかもしれません。でも、わたしたちの思いが伝わったのが、うれしいのです」と、村上さ

んは語る。

　知名度が上がるにつれ、材料の足しにと、古い着物が全国から届くようにもなった。「捨てるのは惜しい」「リサイクルショップに売ると思い出まで安く売ってしまったような気がする」「お金にはならなくてもだれかの役に立ったと思いたい」。こうした微妙な心理が、寄贈という形になる。現在、材料の半分近くが、こうした厚意によってまかなわれている。色柄や保存状態の問題で、使えないものも少なくない。それでも同社は、中身を問わず、送料を負担して受け取る。他人の思い一つ受け止められずに、自身の熱意を伝えることなどできないと考えるからだ。

皆に楽しい暮らしが来るように

　日本文化の良さ、和の心を伝えたいというのが、同社の理念である。素直にとらえれば、着物の文化を海外の人たちに伝えたいということだろう。だが、その取り組みを丹念にみていくと、もっと深い意味があることに気づく。日本には、古いものを大切に扱う心があり、他人を支える思いやりがある。そんな良き文化にもっと誇りをもってほしい。これは、海外へ渡る日本人に向けたエールでもある。

　村上さんは、長女が海外に留学した際、「羽ばたくま」をもたせた。海外に渡り、いざ日本のことを話そうとしても、なかなか言葉は出てこないものである。それがホストファミリーへの土産としてもっていった一つのテディベアのおかげで会話の糸口をつかみ、打ち解けることができたのだという。

　来楽暮㈱という同社の社名には、「皆に楽しい暮らしが来るように」との思いを込めた。同社は、働きたいという主婦の心を、地道に努力を重ねる主婦たちを応援しようというテディベア作家の心を、使わなくなった着物を役立てたいという持ち主の心を、見事に結びつけてみ

せた。できることを少しずつ重ねたコラボレーション。華やかで緻密な商品の裏には、小さな厚意や、古いものを慈しむ気持ちが隠れている。こうした奥ゆかしさこそが、日本が世界に誇れる真の「和の心」なのかもしれない。

(藤井　辰紀)

子育て中の従業員が自宅で働く

㈱アルトスター

代表取締役社長
石尾 雅子

企　業　概　要	
代 表 者	石尾 雅子
創　　業	2000年
事業内容	ウェブ制作・コンサルティング
所 在 地	大阪府大阪市淀川区東三国4-4-15 コラム新大阪5F
電話番号	06-4394-7370
Ｕ Ｒ Ｌ	http://www.altstarr.com
従業者数	8人（女性5人）

　育児休業制度の整備は、出産する女性に継続して働いてもらうための方策として非常に重要である。㈱アルトスターは、さらに一歩進み、出産前から子育ての期間を休まずに自宅で仕事を続けられる、在宅勤務の仕組みを構築した。従業員だけではなく、社長も率先して自宅で仕事を行い、3人同時出産という事態を乗り切った。

女性の視点を活かしたコンサルティング

㈱アルトスターは、企業向けにインターネットや携帯用ウェブサイトの制作を行うIT企業である。単に顧客の要望に応じてホームページを作成したり、管理したりするだけではない。ネットの活用を通じた、マーケティングやブランディングに関するコンサルティング業務まで行うことができるのが、同社の強みだ。

スタッフは、経営コンサルタントである石尾雅子社長以下8人。男性のウェブディレクターが2人、女性ウェブデザイナーが3人、ライターが男女1人ずつという構成だ。このメンバーで、約70社の顧客のウェブサイトを管理している。

2000年の創業以来、最も大切にしているのは、消費者としての素人女性の目線だと、石尾社長は語る。商品やサービスを提供する企業は、業種にかかわらず、経営者も担当者も、まだまだ男性が中心のことが多い。販売する対象が女性である場合でもだ。そうした場合、女性の真のニーズに対して勘違いをしているケースが意外に多いのだという。

レストランの開店プロモーションを引き受けたときのことだ。高級感を出すためにおしゃれな内装を施し、女性を意識してトイレにも気を遣ったと男性オーナーは胸を張った。雰囲気を高めるために店内の照明は落としてある。最初はなかなか良いと思ったのだが、店内を見て回った石尾社長は、トイレに入って、ぞっとした。洗面台の照明も店内と同様に薄暗い。「この明るさでは化粧直しができない。私なら誘われても二度ときません」。歯に衣着せない社長の意見に、顧客は大いに感謝したそうだ。

石尾社長と女性スタッフ、場合によっては社長の娘さんも含めた女性の視点で、商品やサービス、その提供方法を、とことん検討する。こうしたスタンスが徐々に認められ、同社は少しずつ顧客を増やしていった。

在宅勤務に向けた設備を導入

　順調に成長していた同社に、非常事態が発生した。2006年のことだ。数少ないスタッフのうち、中核となっていた岩田さん、杉山さんの女性従業員２人に加え、石尾社長までもが、ほぼ同時期に出産することになったのだ。

　幸い、石尾社長の自宅は、会社から歩ける距離にあったため、出産前後の一時期を除けば、通勤にそれほど問題はない。しかし、あとの２人は大阪市の中心を通り抜け、片道１時間近く地下鉄を乗り継いで会社に通っていた。おなかが大きくなるにつれて、ラッシュアワーに通勤するのが次第に辛くなってくる。だが、２人とも気心の知れた腕利きのスタッフだ。会社の状況を考えれば、一度に休むことはおろか、どちらか片方が抜けても厳しい。何とか出産を挟んで仕事を続けてもらいたいというのが、社長の本音だった。従業員たちも、出産や育児のために会社には迷惑をかけたくはないと思う一方で、せっかく慣れた仕事を辞めてしまうのはもったいないという気持ちがあった。

　そこで、石尾社長が決断したのが、従業員の自宅をサテライトオフィス化して、在宅勤務ができる体制をつくることだった。２人が主に担当していたのは、コンサルティングの企画やウェブサイトの制作だ。会社にいてもコンピューターを使って１人で作業することが多く、条件さえ整えば、どこでも仕事ができる。

　そのために同社は、従業員の自宅に、仕事専用のコンピューターと高速のインターネット回線を設置。さらに、安全を考慮し拠点間を専用線のように接続できるVPN（バーチャル・プライベート・ネットワーク）という通信方式を採用し、かつデータ暗号化によりセキュリティーを高めたうえで、電子メールに加えてウェブ会議システムというインターネットを通じたテレビ電話も導入した。得意のIT技術を

自宅で仕事をする岩田さん

　活用し、自宅でも仕事ができる環境を構築したのである。
　その結果、岩田さん、杉山さん、石尾社長の3人は、直前まで自宅で仕事をしながら、無事出産を終えた。しかし、在宅勤務のシステムが威力を発揮したのは、むしろ出産後だった。生まれたばかりの赤ちゃんは、昼夜を問わず数時間おきに授乳しないといけないし、おむつの世話も頻繁に必要だ。フルタイムで働こうとすると、保育所に預けるか家族やベビーシッターに頼まなければならない。会社に連れてくることができたとしても、通勤はとても大変だ。
　その点、自宅で働けるのであれば、赤ちゃんが泣けばすぐに世話ができる。その間は仕事が中断するが、通算すれば1日8時間くらい働くことは、それほど難しくはない。通勤のための時間もなくなり、会社に通うよりも効率の良い職場ができあがったのだ。

出社できない弱みを仕組みで克服

　在宅勤務を運用するためには、解決しなければならない課題がいくつか想定された。まず大切なのは、情報セキュリティーの問題である。

顧客の大切な情報を社外で扱う以上、安全性の確保は欠かせない。同社では、前述のとおり、男性スタッフが中心となって、作業中のデータを安全にやり取りできるシステムを構築していった。情報管理に関する勉強会も実施したほか、顧客にも安心してもらえるよう、プライバシーマークも取得した。

　もう一つ問題となると考えられたのが、仕事の進捗管理である。労働時間の厳密な管理は難しくなるため、給料などの雇用条件については事前に専門家に相談し、きちんと取り決めを行った。同社のスタッフが行っている仕事はコンピューター上のものが中心であるため、情報を共有しやすい。ただ、顧客に迷惑をかけないでスムーズに仕事を進めるためには、期日までにきちんと成果物を出すという、働く側の高いモラルも必要だ。「自律心のある従業員だからこそ、安心して在宅勤務をしてもらうことができた」と、石尾社長は語る。

　こうした最初に想定したもののほかにも、在宅勤務を続けるうちに、新たな課題が浮かび上がってきた。表面上は大きなトラブルもなく仕事が進んでいても、顔を合わさないと、どうしてもコミュニケーションの量が少なくなる。電子メールやテレビ電話では、通常の仕事のやり取りはともかく、職場の雰囲気は伝わらない。急ぎの仕事が入って会社では皆が慌てているのに、その切迫感が伝わらないこともあった。日進月歩の最新のIT技術に関する情報を共有するには、面と向かった十分な意思疎通が必要になることもある。顧客とのミーティングやプレゼンテーションのため、どうしても出社してもらわなければならないときもあった。さらには、外出する機会が少なくなることで、外の社会と離れてしまうという問題も感じるようになってきた。どうしても流行に関する情報に乗り遅れることになり、仕事の質にも影響が出てくるのだ。

　同社では、こうした課題を少しでも和らげるために、少なくとも1カ月に1回は、新しい技術に関する勉強会や、街のトレンドについての

意見交換会を実施した。昼間に1時間程度と、参加する負担を軽くしながら、直接話をすることで、コミュニケーションのレベルを向上させるとともに、会社としての一体感を維持していったのだ。

また、必要な場合に子どもの世話を気にせずに出社してもらえるよう、ベビーシッターの代金を月に2万円まで補助するという制度もつくった。

さらには、在宅勤務をする従業員が遠慮しなくても済むように、石尾社長自身も、出産後の半年間は率先して自宅で仕事を行った。

こうした仕組みづくりの結果、岩田さんは4年間、杉山さんは2年間、主に自宅で仕事をすることができた。杉山さんは夫の転勤のため、職場に復帰後、やむなく退社したものの、岩田さんは、今でも同社の中核メンバーとして働いている。

在宅勤務のための設備は、専用のコンピューターや回線の設置、ソフトウエアの導入や調整などで、1人当たり数百万円の投資が必要となった。しかし、通勤手当てを支払う必要がなくなったこと、補充要員の採用やトレーニングにも費用がかかることなどを考えれば、むしろコストは抑えられたのではないかと、石尾社長は感じている。何より、それまでのチームを維持できたことが、最大のメリットだった。

ほかの従業員の理解が不可欠

石尾社長は、開業前に会社勤めをしていたころ、子どもの体が弱く、急な休みを取ることが多かった。残業も断って定時に帰ると、上司や同僚から嫌みをいわれるようになり、結局そこは退職してしまった。一方、その後パートで働いた別の会社では良い思い出もあった。女性が多く、職場に子どもを連れてきてもかまわないような雰囲気があったからだ。

このような勤務時代の経験が、男女に関係なく働くことのできる職場

をつくろうというポリシーの原点となっている。創業直後に募集したときに、あえて小さな同社を選んでくれた従業員に対しては、本人や家庭に事情があっても、可能な限り続けて働いてもらいたいという思いがあったし、常々そのように話をしていた。在宅勤務体制の整備は、その約束が、形になったものだったのだ。

石尾社長や岩田さんは、現在でも子どもが小さいため、病気のときなどは急に会社を休まなければならない。ときには、子どもを会社に連れてくることもあるそうだ。それができる雰囲気が、同社にはある。「ベビールームの設置、介護休暇制度やフレックスタイムの導入など、やってみたいことはいろいろあります」と、石尾社長は語る。ただ、その前提となるのは、制度を使わない人に不平等感を抱かせないことだともいう。

融通の利く働き方を一部の従業員に認めていくと、どうしてもほかの人にしわ寄せがいくことは否定できない。同社でも、女性３人が長期間オフィスにいない時期には、主に残った従業員が仕事をカバーしてきた。これも、彼らの十分な理解があってのことだ。

男性ウェブディレクターである澤村さんは、「きちんと役割分担ができているので、オフィスを空けていても、あまり気にならない」という。お互いの仕事の進み具合や、今後の予定などについて、情報を共有する体制が整っているのだ。女性に限らず、すべての従業員が働きやすい職場をつくりたいと、石尾社長は常に考えてきた。そのことが、よくわかっていることも、ほかの人のフレキシブルな働き方を容認できている一因だろう。「将来、私たち男性が会社に出てこられない事情ができたら、必ず方法を考えてくれると思います」とも、澤村さんは語ってくれた。

在宅勤務という働き方は、IT技術を駆使して設備を導入すればできるものではない。育児中の従業員に継続して働いてもらうために取り組んだ同社のように、まず、どのような問題を解決するのかという

目的を考える必要がある。そして、全体を運用していくための仕組みづくりと、在宅勤務を行わない同僚の理解、さらには、その根底にある経営者のポリシーが重要であることを、同社のケースから読み取ることができるのではないだろうか。

（深沼　光）

④ 「お母ちゃん」たちが拓いた農村の明日

(株)産直あぐり

企業概要

代 表 者	澤川 宏一
創　　業	1997年
事業内容	農産物の小売、特産加工品の製造・小売、飲食店
所 在 地	山形県鶴岡市西荒屋字杉下106-3
電話番号	0235-57-3300
Ｕ Ｒ Ｌ	http://www.santyokuagri.jp
従業者数	19人（女性14人）ほか「女性の会」メンバー85人

代表取締役
澤川 宏一

　2005年の「農林業センサス」によると、全国には1万3,000件を超す農産物直売所がある。2009年、その頂点を決める全国直売所研究会主催の「直売所甲子園」が初めて開かれた。103件の応募のなかから、優秀賞の一つ「日本一元気なおかあちゃん賞」に輝いたのが、山形県の㈱産直あぐりである。
　同社が誇る「日本一元気なお母ちゃん」とは、どんな女性たちなのだろうか。

地元農家の合同チーム

　鶴岡市街地から国道112号線を南に10キロメートルほど車を走らせると、木造平屋の大きな建物が見えてくる。農産物直売所「産直あぐり」だ。40台以上を収容できる広い駐車場には平日でも多くの車が出入りし、店内は買い物客でにぎわう。店頭に並ぶのは、地元産の果物や野菜、米、それらを加工した食品などだ。採れたての農産物が安く手に入るとあって、県外から訪れる人も少なくない。

　産直あぐりは、1997年9月にオープンした。その成り立ちは、少し変わっている。話は、櫛引町（現・鶴岡市櫛引地区）が91年に策定した「フルーツタウン構想」にまでさかのぼる。同地区がある庄内地方といえば全国有数の米どころだが、稲作農家の多くは生産調整による収入減に悩まされていた。町役場は、水田の一部を果樹園へと転換し、集客の拠点として直売所をつくって民間に運営を委託することで、地域振興を図る青写真を描いた。

　この構想への賛同者は増え、果物の栽培は徐々に広がっていった。バブル崩壊により計画に遅れは出たものの、97年には建物の建設も決まった。ところが、ここで困ったことが起きた。施設運営の引き受け手が見つからないというのだ。このままでは、せっかく動き出したフルーツタウン構想は頓挫してしまう。危機感を募らせた地元の農家は、自分たちが施設の運営を引き受けることにした。75戸が集まり、設立したのが、フルーツタウン直売施設運営管理組合だ。そしてこの組合が2008年5月に株式会社化されて、㈱産直あぐりとなった。

　つまり同社は、集客や流通の拠点となり、地域全体の農産物市場のパイを広げるために設立された組織なのである。

競争原理が地域を底上げ

　澤川宏一社長を含む役員13人は農業が本業であり、同社では非常勤の立場である。店頭でのレジ打ちや接客などは、組合員とは別に同社が雇った男性4人、女性10人の正社員と、4人のパートの女性が中心となって行う。

　直売所の仕組みはこうだ。組合員となる農家は、入会金2万円と年会費4,000円を支払い、出荷する権利を得る。袋詰めや搬入はそれぞれで行う。価格設定や出荷量は自由だ。その代わり、生鮮品は、売れ残ればその日のうちに回収しなければならない。売り上げデータは、1時間ごとにレジから組合員の携帯電話へメールで自動配信される。在庫が切れたら、畑で収穫して追加で並べることも可能だ。こまめに搬入すれば、在庫ロスや売り逃しを少なくできる。そして売り上げから販売手数料として1割を差し引かれた金額が、組合員の手取りとなる。

　農家にとって、産直あぐりを利用するメリットは大きい。通常の流通ルートならば、売価の9割もの金額が手元に残ることなどは、まずない。出荷に必要な最低ロットが決められており、たとえ出来が良くても量が確保できなければ、取り扱ってさえもらえないケースも多い。産直あぐりは、少量からでも出荷でき、利幅は大きい。自分で直売所を開く場合と違って、品揃えが豊富で集客力もあり、販売にさほど人手を割く必要もない。既存の販路と併用もできるので、リスク分散にもなる。

　ただし、店に並べさえすれば売れるというものではない。何しろ組合員は今では86戸にも上る。そのなかから消費者に選んでもらうのも大変だ。少しでも良いもの、ほかと違うものをと、皆が新たな品種の栽培に取り組んだ結果、ぶどうだけで70種、りんご、さくらんぼ、梨

農産物や加工品が並ぶ産直あぐりの店内

もそれぞれ20を超える品種が揃うようになった。組合内の競争が、組合自体の、ひいては地域全体の競争力を高めているのである。

代役から主役になった女性たち

　順調にみえる産直あぐりも、組合設立当初は体制づくりに苦労した。直売所といえば個人経営の小さなものがあるくらいで、大がかりな施設はそれまで県内にはなかった。だから運営のノウハウがない。それに、組合員たちは日々の農作業で手一杯だ。施設の運営に積極的に関わろうという意識は希薄だった。組合で会合を開いても、組合員である男性の代わりに妻や母が出席するケースも少なくなかった。代役同士が集まっても、何かを決めようという雰囲気に欠け、議論は遅々として進まなかった。

　初代組合長を務めた渋谷耕一氏や、当時理事だった澤川社長たち中心メンバーは、そこで一計を案じた。目をつけたのは、女性の力だ。直売所を運営していくうえでの実務を考えると、組合員とともに働いている女性たちの協力は欠かせない。産直あぐりへの出荷までには、

家での袋詰めや搬入などの作業を行わなければならない。独自に従業員を雇えるようになるまでは、レジ打ちや接客を当番制で手伝ってもらう必要もありそうだ。ならば、彼女たちには、代役ではなく、最初から主役になってもらってはどうか。各世帯から1人ずつ女性の参加を求めて「女性の会」を組織し、組合の運営に力を発揮してもらうことにしたのである。

 とはいえ、彼女たちに組合の運営を漠然とお願いするだけでは、メンバー間で関与の度合いに濃淡が出てきてしまう。できれば、特定の人に負担が集中するのは避けたかった。個人の発想には限界があるし、不公平感が生まれれば活動は長続きしないと考えたからだ。そこで、女性の会の活動を牽引するリーダーを選ぶことにした。これにより、責任の所在が明確になり、当事者意識も強まる。少人数だと負担が重くなるので10人と多めにし、任期を2年に限定した。そして各世帯平等に持ち回りにする。85人のメンバーがいれば、およそ8期16年に一度の頻度でリーダーの役が巡ってくる計算だ。

 期間を限ったことで、集中力が続き、頑張りが利く。せっかく選ばれたのだから、何か足跡を残そうと、毎年、リーダーたちを中心に、活発な提案がなされるようになった。

女性たちの発案から広がる事業

 彼女たちの発案から生まれた事業は多い。産直あぐりと並んで事業の柱となっている「加工あぐり」や「食彩あぐり」もそうだ。

 加工あぐりは、99年に店舗の裏手に併設された食品加工施設である。この地域では、冬場には果物や野菜はほとんど採れない。少しでも農閑期の売り上げの底上げを図ろうと、餅や漬物、ジュース、菓子などをつくることにしたのである。加工すれば、その分利幅は増える。しかも、それまでなら廃棄していたような規格外の農産物も

活用できる。

　加工品は、産直あぐりで販売するほか、地元の物産館や東京のデパートにも卸すようになった。売れ筋は、オリジナルブランドのジュース「庄内果実紀行」だ。定番のぶどうやりんごのほか、ジュースとしては珍しい柿やさくらんぼ、梨などの味もある。素材の味や香り、色を活かすため、開発に何年もかけた自信作だ。

　食彩あぐりは、旬の野菜や果物を使った田舎料理を提供するレストランである。直売所内に設置した軽食コーナーが好評だったことを受け、2000年に本格オープンした。350円で、大皿に惣菜を何種類でも盛ることができる「皿バイキング」が人気だ。惣菜は常時10種類程度、ほかに組合員の自家製の漬物などが並ぶ。

　店内の装飾やオープン当初のメニューづくりは、女性の会のメンバーが中心となって行った。ファストフードやチェーンのレストランが多い現代にあって、手づくり感のある内装や素朴な田舎料理の数々は、どこかなつかしさを感じさせる。「お母ちゃんの味」を提供するこのレストランは、買い物客の胃袋を満たすだけでなく、地元住民たちの憩いの場ともなっている。

　これら二つの事業は、直売所との相性も良い。生鮮品を売りにする以上、規格外品の発生や繁閑の波は克服すべき課題である。これをクリアしながら、商品の付加価値を高め、農産物の魅力を消費者に伝えることができるからだ。同社のビジネスモデルは、農商工の三つの要素がバランス良く組み合わさったものだといえる。

　まだまだ、ほかにもある。地元の若い女性向けに、農産物を使った料理教室を定期的に開いている。野菜嫌いの子どもでも食べやすいメニューや、地域に伝わる定番レシピなどを、女性の会のメンバーたちが教えるものだ。また、東京都新宿区の神楽坂商店街に年6回ほど臨時の直売所を出したり、神奈川県横浜市の小学校から修学旅行生の農業体験を受け入れたりと、地域内だけでなく都市部との交流も深めている。

自分のために、地域のために

　袋詰めや搬入、調理、周囲との交流。考えてみれば、こうした仕事の多くは、農村の女性にとって必ずしも特別なものではない。家業において、昔から担ってきた役割の一部だ。

　ただ、従前と比べて大きく違う点がある。陰に隠れて目立たなかった仕事の価値が可視化されたことだ。それまでは、家族なのだから手伝うのが当たり前という考え方が強く、彼女たちの貢献が必ずしも十分には評価されてこなかった。だが、今は違う。身近に売り場があるので、消費者の反応を直に感じ取ることができる。商品を開発したり、売り方を工夫したりすれば、その分だけ売り上げにも跳ね返ってくる。料理を人に教えれば、感謝されもする。

　何のために働くのか。女性たちのその意識に変化をもたらしたのは、同社の功績の一つだったのではないだろうか。「家業のために」が「自分のために」へと深まり、「地域のために」へと広がる。彼女たちの頑張りもあって、同社の売り上げや来店者数は、創業以来、着実に伸びてきた。

　知名度が上がるにつれて、県外からのツアー客を乗せた観光バスも立ち寄るようになった。観光産業を、販売、加工、飲食に次ぐ第４の柱にしたいと、同社は期待をかける。かつて町と地元住民が一体となって描いたフルーツタウンの夢は、20年の時を経て、ついに実を結びつつあるようだ。

　「当社に関わるようになって、女性たちは仕事に自信をもつようになりました。女性の会で独自に勉強会を開いたり、他の直売所に視察に行ったりと、本当にいきいきと活動しています。お客さんにもっと役立つアドバイスをしたいと、野菜ソムリエの資格を取った人や、80歳になっても元気に働いている人もいます。当社は、彼女たちの生き

がいになっているのかもしれませんね」と、澤川社長は相好を崩す。彼女たちは、主役を存分に演じることのできる舞台を手に入れた。これだけ元気な「お母ちゃん」たちが拓いた農村の明日が、暗いはずはない。

(藤井　辰紀)

⑤

職人の世界で働く女性たち

(有)原田左官工業所

企業概要

代表者	原田 宗亮
創業	1949年
事業内容	左官工事
所在地	東京都文京区千駄木4-21-1
電話番号	03-3821-4969
URL	http://www.haradasakan.co.jp/
従業者数	41人（女性9人）

代表取締役社長
原田 宗亮（むねあき）

　左官工事の職人というと、男性のイメージが強い。しかし、㈲原田左官工業所は、早くから女性に製品の企画を任せ、従来の職人とは違った視点でデザイン壁という新分野を開拓してきた。その後も、職人を性別に関係なく積極的に育成し、現在、多くの女性が左官工事の現場で活躍している。

現場を支える職人

　㈲原田左官工業所は、その名のとおり、壁や天井を漆喰(しっくい)で塗ったり、タイルを貼ったりする左官工事を専門とする。といっても、昔ながらの白い壁を塗るだけではない。立体的な模様をつけたり、カラフルな絵を描いたりといった、デザイン壁を幅広く手がけるユニークな企業だ。最近では、蓄光材やガラスビーズを漆喰に混ぜた素材にも着目して新しい施工方法を次々に提案しており、東京近郊だけではなく、日本全国、果ては海外からの受注もこなしている。

　現在、同社には41人の従業者がいる。そのうち見習いを含めた31人の職人が、技術開発や施工の現場を支える。職人として独り立ちするまでには4年の見習い期間が必要だ。その間に、先輩による指導のもと、資材運搬や片づけに始まり、材料の調合、下地塗り、仕上げ塗り、タイル貼り、デザイン壁作成といった、同社で行う左官工事のすべての工程を勉強する。自分の仕事に責任をもち、一切妥協を許さない、良い意味での職人気質が刷り込まれていく。

　見習い期間を修了すると、ホテルの宴会場で「年季明け披露」を行い、見習いからの卒業と一人前の職人となったことを全社員と家族で祝う。昔ながらの徒弟制度の伝統が形を変えて生きているのだ。

　建設業の職人というと、男性だけの集団のイメージが強いかもしれない。しかし、同社では、7人の女性が現場で働いている。彼女たちの経歴は幅広い。美術系の大学を出た人もいれば、建築関係ではない会社で、いわゆるOLとして事務を行っていた人もいる。いずれも、ものをつくる職人の道に憧(あこが)れ、同社の門をたたいた人たちだ。

　仕事の内容は、基本的に男女変わりない。力の強い男性が重量物を運搬したり、デザインの得意な女性が下絵を描いたり、といったことはある。しかしこれは、「性別というより、それぞれが得意な仕事を

デザイン壁で装飾された本社ビル

行う役割分担だと考えています」と原田宗亮社長は言う。

女性チームで新分野進出

　同社で女性が現場に出るようになったのは、業界ではかなり早いという。きっかけは、ある新入社員の一言だった。1989年、事務を担当させようと採用した女性が、面白そうなので現場で仕事をさせてほしいと申し出たのだ。相談を受けたのは、原田社長の父で、当時社長だった原田宗彦会長だ。そのとき職人は男性ばかりだったが、試しに挑戦させてみた。

　結果は散々だった。漆喰をうまく塗ることができず、でこぼこになってしまったのだ。しかし、デザインと考えれば意外に良いかもしれない。化粧をヒントに、白い漆喰に色をつけるというアイデアも彼女から出てきた。こうして、漆喰で模様をつけたり、立体的な絵を描いたりといったデザイン壁が製品として立ち上がった。

　デザイン壁の営業を推進するため、女性だけのチーム「ハラダサカンレディース」が組織された。責任者には最初に現場に出た女性がつ

現場で働く女性職人

き、営業、見積もり、現場の施工まで、すべて女性が行う独立採算の組織だ。カタログをもって設計事務所を訪ねて回ったところ、「若い女性の感性で現代風のデザインを積極的に取り入れたことで、レストランや店舗などに次第に受け入れられるようになったのです」と、原田社長は振り返る。実はデザイン壁の手法自体は古くから存在はしていたが、当時は手がける職人は少なく、かえって斬新なイメージを与えたのだ。こうしてデザイン壁は見事にヒットし、一時はアルバイトも含めて女性15人が所属するまでになった。

　しかし、その当時現場に出ていた女性は、左官職人として長期の訓練を受けたわけではなかった。美術のセンスのある人を積極的に採用したものの、左官の基礎技術はなかった。そのため、現場では男性の職人の力が必要になることも多かった。

　男性職人には、素人が現場に出ることに反発する人もいた。彼らのプライドを守るためにも、当初は、無理にデザイン壁を押しつけることはしなかった。別組織としたのも、そのためだったが、かえってデザイン壁の人気の高さが際立った。次第に、職人としての仕事の腕と商品力は評価の尺度が違うのだと男性職人にも理解されるようにな

り、デザイン壁をやってみたいという人も増えてきた。もともと腕のある職人なので、模様や色さえ指定されれば、企画どおりの施工を完璧にこなすことができたのだ。

一方、最初は素人だった女性も、次第に作業に慣れてきて、職人と遜色ない働きをするようになった。こうして、男性と女性が分け隔てなく普通の壁もデザイン壁も施工することが当たり前になった。新人の育成も、男女を問わず、すべて職人としての修業を積んでいくという現在のスタイルに変化し、ハラダサカンレディースは98年に自然に解消した。

職人の魅力を伝える

職人の仕事は厳しい。例えば毎日の出社は午前6時で遅刻は厳禁だ。同社のホームページを見たり、業界での評判を聞いたりして、毎年多くの若者が職人に応募する。そのなかから、本当にやる気のある人を数人だけ採用するのだが、それでも何割かは見習い期間中にドロップアウトする。

しかし、自らの技術に自信と誇りをもつ職人は、より良い建築物をつくるには欠かせない。「上下関係と仕事には厳しい半面、後輩の面倒見は非常に良い。そうした職人独自の文化、見習いの世界を、仕事の選択肢の一つとしてより多くの人に知ってもらいたい」と原田社長は語る。

こうした思いから、同社では、ものづくり大学や地元の工業高校のインターンシップに毎年協力しているほか、東京都が主催する職人塾の研修も受け入れている。希望者はまだまだ男性が多いが、女性も以前に比べると増えてきた。昨年には、インターネットで同社のことを知った九州の職業訓練校から、女子学生の受け入れを直接依頼された。卒業後に彼女は地元の建設業者に職人として入社したそうだ。

原田社長は、女性の活躍推進について、同業者から相談を受けたり、業界組合での講演を頼まれたりすることが、最近になって増えてきた。建築の現場に興味がある女性はこれまでも少なくはなかったのだが、門前払いされたり、はなから就職をあきらめたりしていた人が多かったのではないかと原田社長は分析する。同社で女性職人が男性と遜色ない働きをみせているのが広く知られるようになったことで、意欲のある女性に活躍の場を提供しようという機運が、業界内でも高まってきたのだ。

多様性が成長の源

　同社が最初に女性を現場に送り出して以降、左官工事の業界は厳しい状況が続いてきた。建築ボードやユニットバスの普及で壁塗りやタイル貼りの仕事自体が減少してきたからだ。建設工事のなかでも、左官工事は表に出にくく、下請けが多い。施工方法に特徴を出しにくいうえ、需要も減っているため、競争は激しく、工事単価も低く抑えられてきた。こうしたことから他社が規模を縮小するなか、同社では20年前には12人だった職人が少しずつ増え、現在では31人規模にまで成長してきた。これは、単価が高く独自性も出しやすいデザイン壁を、いち早く事業化した効果が大きい。当時の職人も腕は確かだったが、企画の提案力は弱かった。これを女性チームで補ったことが、同社が躍進するきっかけとなったのだ。
　原田社長は、大学を出た後、通信機器部品を製造する会社で営業を担当した。販売先の要望を聞きながら、工場のベテラン技術者を説得し、これまでにない部品をつくっていく。分野は違うが、職人気質は左官と通じるところがあった。サラリーマンとして3年勤め、同社に入社した2000年、コンピューターがないことに愕然とした。そこで勤務時代の経験を活かし、経理、工程管理、顧客管理などのIT化を推

進し、ホームページも開設してデザイン壁や女性職人について積極的にアピールするようになった。

　こうした経験から、人材の多様性が企業に変革をもたらすと、原田社長は確信する。性別はもとより、仕事の経験、学校での勉強などで、さまざまなバックグラウンドをもった社員が集まることで、より良い企業となる。デザイン壁に進出したことは、当時の基準では異質である社員の存在を認め、尊重する土壌を生み出した。そのことが間口を広げて、従来にない人材の獲得にもつながった。工業高校や建築系の専門学校を卒業した人が多かった男性の職人も、最近ではデザインを専門に学んだ人や、他分野からの転職組が加わるようになった。こうした多様性が、これまでにない視点での新たなデザインや製品の開発につながっている。

　一方、多様化が進むと、人事評価は難しくなる。人によって、得意分野が違ってくるからだ。そこで同社では、2年前に職能レベルを定めた。中途採用者の位置づけを含め、公平で納得できる人事制度を目指したものだ。レベルは、見習い、主任（職人）、工事長、取りまとめ、部長の5段階。現場、経理職、事務職それぞれで、レベルごとに具体的に、求められる仕事を明示する。個別のチェック項目について達成できたかどうかをもとに、昇格を決める仕組みだ。

　この制度は、出産や育児によるキャリア中断にも対応する。2000年の春、入社5年で職人に昇格した女性従業員は、見習い期間中に出産し、育児のために休業した。そのため通常より1年遅れたものの、チェック項目で達成度の評価がはっきりとしているので、本人も他の社員も昇格のタイミングには納得しているそうだ。彼女は2人目の出産のため再び休業したが、復帰後の位置づけもチェックリストで明確にできる。その存在は、他の女性従業員にも将来のキャリアパスを明確に示すことにもなっている。

　デザイン壁は、意匠として登録するのが難しい。しかし、職人のバッ

クグラウンドの多様性から生まれる数々の新製品や、受け継がれた技術に基づく確かな施工は、そう簡単にまねできるものではない。「左官工事のファンが増えることを考えれば、ライバルは大歓迎です。当社はそのなかでもトップレベルの製品を提供できますから」と原田社長は語る。職人たちへの強い信頼が、ゆるぎない自信となっているのである。

（深沼　光）

意欲を引き出し人を育てる

㈱セレクティー

企業概要

代表者	畠山 明
創業	1996年
事業内容	家庭教師の派遣、個別指導教室の運営
所在地	宮城県仙台市青葉区中央3-1-24 荘内銀行ビル5F
電話番号	022-223-5001
URL	http://www.apple-net.jp
従業者数	18人（女性13人） ほか家庭教師302人（女性164人）

代表取締役
畠山 明

　人を育てるのは難しい。指導する側の技術や思いだけでどうにかなるものではないからだ。人が育つ鍵は、むしろ指導される側の、伸びようとする意欲にある。
　宮城県で家庭教師派遣業を営む㈱セレクティーは、生徒の学ぶ意欲を引き出す「教育のプロ」を自任する。そんな同社は、年齢や性別を問わずスタッフを登用し働く意欲を引き出す「人材育成のプロ」でもある。

集団教育に感じた限界

　㈱セレクティーの畠山明社長が、創業当時から一貫して胸に刻んでいる理念がある。「一人ひとりの教育ニーズに向き合う」。同社は宮城県において、「家庭教師のアップル」「個別教室のアップル」の商号で、家庭教師派遣業と個別指導型の学習塾を展開している。県内全域をカバーし、中学生を中心に1,000人を超す生徒を抱える、地元では知られた存在だ。

　一般に、家庭教師や塾には、進学や受験を目指す生徒を相手にするイメージがあるかもしれない。だが、同社は違う。ターゲットは、どちらかといえば勉強が苦手な生徒だ。そのわけは創業の経緯にある。

　畠山社長はかつて、地元気仙沼市の小学校で教壇に立っていた。自然豊かな環境で子どもたちと過ごす日々は、とても充実していた。ところが、ある出来事が、その後の運命を変える。1人の生徒が不登校になってしまったのだ。その生徒は、以前から勉強についていけず、悩んでいた。ただ、集団学習である以上、1人の遅れにいつも合わせるわけにもいかない。十分なサポートができないまま、その生徒は学校に来なくなった。「これでよかったのだろうか」。畠山社長は自問した。そして悩んだ末、一つの結論にたどり着く。「集団教育には限界がある。一人ひとりとじっくり向き合い、個々の可能性を引き出す教育を目指そう」。学校を辞め、家庭教師として一からスタートする道を選んだのだった。1996年のことである。

　安定した仕事を手放すことへの両親の強い反対を押し切るようにして、単身、仙台市に移り住んだ。最初の生徒は、事務所兼自宅として借りたアパートの大家さんの、小学6年生になる子どもだった。障がいがあり、文字がうまく書けないのだという。畠山社長は、運命を感じつつ、その子どもと、じっくりと丁寧に向き合った。鉛筆をもって

ひらがなを真剣に練習する子どもの姿を見て、その大家さんは涙を流して喜んでくれた。一人ひとりのニーズに思いを巡らし、教え育てる。この経験が、畠山社長の、そして同社の原点となった。

家庭に眠る経験者の力を引き出す

　理念を実現するうえで重要なのは、教師の質である。同社では、塾の講師や家庭教師などの経験者か、大学院生であることという条件を設けている。大学生のアルバイトは受けつけていない。さらに、多数の応募のなかから、適性検査や面接、実技試験など９段階にも及ぶ審査を行い、知識や経験を兼ね備えた人材を選び抜いている。選考を潜り抜けて現在稼動しているのは、300人ほどである。

　厳しい基準を設けつつ十分な人数を確保するのは容易ではない。同社が着目したのが、結婚や出産で塾などを退職後、子育てが一段落したので再び働きたいという女性たちだ。「学歴や職歴は男性と何ら変わらないのに、家庭に入ったことでキャリアを終えてしまうのはもったいない。家庭教師なら、フルタイムでなくても、ライフスタイルに合わせた働き方ができます。それまで積み上げてきた経験やスキルを眠らせたままにせず、ぜひ子どもたちのために役立ててほしい」と、畠山社長は期待をかける。教師には、男性も女性も関係ない。働ける時間の長さも関係ない。必要なのは、能力と意欲なのである。

　とはいえ、なかには現場を離れて何年もたつ人もいる。ブランクを解消し、指導力を一定水準以上に引き上げるため、同社では、研修にも力を入れている。採用したばかりの教師には、授業の進め方から会社の沿革や理念、将来の展望までをレクチャーする。その後も、毎月のように自由参加の研修会を開いており、必要に応じて指導のポイントなどをアドバイスする。

　300人の教師のうち、家庭と両立させながらパートタイムで働く女

性が5割を占める。男性を中心とするフルタイムの専任教師は2割で、残りは、大学院生や、他の予備校および塾との兼任だ。ちなみに同社では、すべての教師について、同社専属となることを求めてはいない。生徒との相性や希望する時間帯などにより、仕事を常に回せる保証はないからだ。同社の仕事をしながら独自に生徒を集める家庭教師も少なくない。

組織力がものをいうビジネスモデル

　このビジネスモデルについて、素朴な疑問を抱く人もいるかもしれない。同社を介するメリットは、一体どこにあるのだろうか、と。同社が間に入れば、生徒と教師が直接契約するよりも、コストが余分にかかる。にもかかわらず、なぜこれだけの教師や生徒が集まるのだろうか。

　一つ目の、そして最大のメリットは、ネットワークの大きさだ。教師にとっては、自分で生徒を探す手間が省けるし、守備範囲外の教科についてもみてほしいと生徒から要望があっても同社が対応してくれるという安心感がある。生徒にしてみれば、自分で家庭教師を探すよりも、相性の良い教師と巡り合う確率が高くなる。教師を選べるのは、塾にはない家庭教師の魅力である。ならば、その利点を最大限に活かすためにも、教師のバリエーションは豊かであるほどよい。それに、さまざまなライフスタイルをもつ教師がいれば、曜日や時間帯の融通も利きやすい。

　二つ目は、学校や入試に関する情報の豊富さだ。個人の家庭教師は、どうしても情報収集力に限りがある。その点、同社は組織的に情報の収集、分析を行っており、教師のサポートができる。生徒にとっても、学習の指導だけでなく、志望校選択や普段の学習方法の相談にも乗ってもらえる利点は大きい。

三つ目は、模擬試験の受験料や教材費の支援だ。個人の家庭教師ならば教師か生徒のどちらかが負担せざるをえないこれらの費用を、同社が肩代わりする。同社にしてみれば、ロットが大きいのでコストは抑えられるし、メリットを打ち出すことで、ある程度の宣伝効果も期待できる。

　つまり、家庭教師が従来からもっていた強みを伸ばし、弱みを補う点に、同社の存在意義があるのだ。皆にメリットがある仕組みだから、多くの教師や生徒が集まる。集まるほどに、規模の経済性が働くという好循環が生まれる。

若手女性をナンバー３に抜擢

　同社のサービスを裏から支えるのが、男性５人、女性４人の従業員で構成する事務局である。彼らは、生徒と教師のマッチングや、受験に関する情報収集などを担当する。ここがうまく機能しなければ、せっかく高めた規模の経済性も、威力が半減してしまう。300人の家庭教師網に組織としての意味を与え、他社との差別化を図るうえで、鍵となる存在だ。

　求められるのは、生徒のニーズや教師の能力を的確に把握する細やかさや、業界の動向を敏感に察知する視野の広さである。同社では、登録する家庭教師のなかから、特にコーチングやコミュニケーションのスキルが高い人を、状況に応じて事務局に正社員として登用することにしている。

　社長、専務に次ぐナンバー３のポストである事務局長に就くのは、かつては同社に家庭教師として登録していた三浦さんだ。彼女は、働きぶりを評価され、事務局の正社員、さらにはマネージャーへと昇進し、2005年に20歳代で事務局長となった。300人の家庭教師の、いわば取りまとめ役である。

同社で事務局長を務める三浦さん

　昇進すべき「次のポスト」の存在は、働く側にとって二つの意味がある。一つは、キャリアにおける目標だ。目指す場所があるとないでは、気持ちの入り方が違う。同社では、家庭教師の立場にとどまる限りは、昇給の機会は少ない。評価が高ければ、優先的に生徒の紹介を受けることができ、その分収入は増える。それでも、安定性を考えれば、正社員の地位は魅力だ。

　もう一つの意味は、成長の機会だ。新たなポストに就くと、それまでの知識やノウハウだけでは手に負えない仕事も舞い込んでくる。経験したことのない職務に取り組むなかで自然と、見識が高まり人間の器は大きくなっていくものだ。

　昇進後、三浦さんは、以前にも増して責任感や積極性が強くなったという。保護者からクレームがあれば、責任者として対処する必要がある。教師の教え方や態度に問題があれば、たとえ相手が年上であっても毅然と改善を促す。また、経営者に近い視点から、広くアンテナを張り、新たなビジネスチャンスはないかを探すようにもなった。

　従業員の平均年齢が30歳前後と若い同社だからこその抜擢という面はあるかもしれない。とはいえ、さすがは教育のプロだ。畠山社長の

言葉からは、人を育てる意識が、生徒だけでなく、登録教師や従業員を含めた社内のスタッフにもしっかりと向けられているのを感じる。「ポストは年齢や性別で決めるものではありません。能力と意欲を適正に評価し、それらに見合った役割を与えることが重要なのです」。

人が育てば企業は育つ

　同社のロゴは、青色のりんごをデザインしたものである。これには、ちゃんと意味があるらしい。

　ハートのマークを二つ、少しずらして重ねると、りんごの形に見える。スタッフと顧客の心を重ね、調和させることを、その形で表現した。青色は、「青は藍より出でて藍より青し」ということわざからきている。顧客の気持ちに寄り添い、共に成長していってほしい。いずれは社長を超えるほどの能力を身につけ、会社を大きくしていってほしい。スタッフに対するそんな願いを込めた。

　2006年には、発達障がいのある子どもへの指導方法についてのスタッフ向け講座を、NPO法人自閉症ピアリンクセンターここねっとの協力のもと、開設した。カウンセリングの考え方を取り入れたもので、学ぶ意欲の引き出し方などを約10日間にわたって教えており、毎回20人ほどが受講する。今では、高校や専門学校などに対して、こうした知識やスキルをもった教師を派遣したり、コンサルティングを行ったりするようにもなった。集団教育の世界に限界を感じ、そこから飛び出した畠山社長は、ついには集団教育の現場をも変えようとしているのである。

　企業は、社長一人の力で伸びていくものではない。従業員たちの成長が、企業の成長を支えるのである。たった一人で始めた小さな企業は、15年足らずの間に大きな飛躍を遂げた。その道程に、たくさんの生徒やスタッフが刻んできた成長の足跡がだぶる。一人ひとりと向き

合い、意欲を引き出しながら、共に歩んできた同社には、「教育」ならぬ「共育」の二文字もまた、ふさわしい。

(藤井　辰紀)

奥明日香の自然に家庭料理で華を添える

奥明日香さらら

企　業　概　要	
代　表　者	坂本　博子
創　　　業	2008年
事業内容	郷土料理店
所　在　地	奈良県高市郡明日香村栢森(かやのもり)137
電話番号	0744-54-5005
Ｕ　Ｒ　Ｌ	http://okuasukasarara.kir.jp
従業者数	6人（女性6人）

代表
坂本　博子

　奈良県にある奥明日香さららは、地域に観光客を呼び込むために営業している郷土料理店である。目玉となるメニューは、地元で日々食べられている家庭料理をもとにつくった「さらら膳」だ。
　その開発と、開業に至るまでの過程には、地域活性化の取り組みに参加した主婦たちの多大な協力があった。

日本の原風景が残る場所

　奈良県の中央部に位置する明日香村。かつて、日本の政治と文化の中心地であったこの村は、極彩色の壁画が発見された高松塚古墳や、蘇我馬子の墓とされる石舞台古墳などがあり、古代ロマンを感じさせる観光地として有名だ。

　坂本博子さんが経営する郷土料理店、奥明日香さらら（以下さらら）は、明日香村の南部、奥明日香地域にある。吉野山へと続く山あいの道に民家が点在するこの地は、稲渕、栢森、入谷の三つの地区で構成されており、別名を神奈備の郷（神様のいる場所）という。鸕野讃良皇女（後の持統天皇）が吉野に行くために何度も通ったと伝えられていることから、さららの名はつけられた。

　奥明日香には豊かで美しい自然がある。耳をすますと、飛鳥川のせせらぎや木々のざわめき、鳥のさえずりが聞こえ、季節ごとにさまざまな景色をみせてくれる。山の斜面には何枚もの棚田が広がり、道の脇には由緒ある神社がひっそりと佇んでいる。自然のなかに人の営みが見事に溶け込んでいる様子は、懐かしい日本の山村の原風景を思い起こさせてくれる。

　しかし、奥明日香を訪れる観光客の数は少ない。有名な観光スポットがなく、明日香村の観光マップに掲載されていないからである。観光客のほとんどは、手前にある石舞台古墳を見て引き返してしまうのだ。

　そんな奥明日香に人々を呼び込むために、さららは営業している。

特産品は家庭料理

　さららは2002年に始まった地域活性化の取り組みから生まれた。この年、奈良県は「神奈備の郷・川づくり計画」を策定した。周辺

の環境との調和や生態系への配慮を図りつつ、飛鳥川に遊水機能をもたせて洪水に対処できるようにする河川整備事業である。県が実施するこの事業に合わせて、明日香村は独自に地域活性化策を検討した。河川というハードの整備とともにソフト面を充実させれば、観光客が増えるのではないかと考えたからだ。そして「神奈備の郷活性化委員会」が結成され、奥明日香の三つの地区が共同して地域活性化に取り組むことになった。

　活動は四つの専門部会のもとで行われた。そのうちの一つが、「さらら」と名づけられた「特産品等研究開発部会」である。奥明日香の特産品をつくることが使命だ。メンバーは19人。奥明日香に住む40歳代から70歳代の主婦たちで、後にさららの経営者となる坂本さんが部会長に就任した。

　ただ、観光地である明日香村には、特産品を考え販売しているグループが以前からいくつも存在しており、赤米を使ったお菓子や地元の野菜でつくった漬物など、すでにさまざまな特産品があった。そのため、素人であるメンバーが新たな特産品を考えるのは難しかった。ヒントを求めて、近隣の観光客の誘致に成功している地域を見学して回ったが、地理的条件の違いから、取り入れられるような点はあまり見出せなかった。

　「一番の違いは人の流れでした。奥明日香は地元の人しか通りませんが、成功している地域はたいてい国道など大きな道路沿いに施設がつくられていて、立ち寄るかどうかは別にしても、往来は非常に多かったのです」

　当時を振り返り、坂本さんは語ってくれた。昔と違い現在では、奥明日香を経由して吉野に行く人はいない。吉野川沿いの別ルートに、交通の便が良い国道や線路が走っているからである。

　ほかの地域では、近くを通ったついでにちょっと立ち寄ってもらえればよいが、奥明日香の場合、わざわざやってきてもらわなければな

らない。おのずと、特産品に求められることも違ってくる。目的地として足を運んでもらうためには、「ここでしか手に入らない」という要素が重要になってくる。

奥明日香でしか手に入らないものは何か。忙しい家の仕事やパートの合間を縫い、メンバーで議論を重ねて出した結論は、美しい風景とともに味わう日々の食事だった。これは、子どものころからこの地に住んでいる人にとっては、当たり前で何でもないものかもしれない。しかし、多くが外の地域から嫁いできていたメンバーには、奥明日香の魅力がたっぷり詰まっているように思えた。

会席風のお膳として提供する案が出て、さっそくそれぞれの得意料理を持ち寄った。黒豆入りの黒米ご飯、吉野葛と豆乳を混ぜた神奈備豆腐、奥明日香のきれいな水を使った手づくりこんにゃく、すりおろした大根を片栗粉で固めた大根餅など、各家庭で姑から嫁へと代々つくり継がれてきた料理が集まった。なかには、その家庭の完全なオリジナルで、ほかのメンバーは知らなかったというものもあったが、いずれも、地元で採れる食材を使い、素材本来の味を活かした素朴な料理だ。

メンバーは互いに教えあい、よりおいしくなるように工夫して、一品一品を洗練させていった。そうして2003年の暮れに、奥明日香の新たな特産品「さらら膳」は誕生した。

自発的に事業へ転換

普通の主婦が日常の家庭料理をもとにしてつくったさらら膳。果たして奥明日香に人を呼べるレベルにあるのだろうか。坂本さんたちは食事会を開いて確認することにした。

村内の住人を対象にした1回目と2回目の食事会は不評だった。「ハレの日の特別な料理でもないのに、わざわざ食べにくる人はいるのか」と。しかし、村外の人を招いた3回目は好評だった。奥明日香

さらら膳

の景色と素朴な料理に満足してくれたのである。自信を深めたメンバーは、季節ごとのさらら膳をつくり、年に２回のペースで食事会を開催した。案内のチラシをつくり、観光客も訪れる村の農産物販売所に置いたり知人に配ってもらったりして宣伝した。やがて、新聞にも取り上げられ、参加者は増えていった。皆「田舎に帰ったような気分に浸れる」「またきたい」と好意的な感想を残していく。さらら膳で人を呼び込むことに成功しつつあった。

　一方で、食事会の開催はメンバーの負担が大きかった。例えば、食材費に関しては村からの補助金が出たが、チラシの作成費や問い合わせに対応する電話代などはメンバーが負担していた。また、適当な村の施設はなかったため、会場はその都度、会社の保養所や神社の社務所などを借りていた。田んぼの片隅にテントを張ったこともある。食事会のたびに調理器具や食器などを自宅から運んでこなければならず、準備や後片付けが大変だった。当日は家の仕事が全然できなくなるため、家族にも迷惑をかけていた。

　村営のレストランをつくるという話があるにはあったが、さらら膳が評判になっても一向にその気配がない。体が疲れるうえ、家族にも

迷惑をかけ、そして活動の具体的なゴールもわからなければ、モチベーションを維持することは難しい。さららのメンバーは徐々に減っていき、坂本さんは活動を続けるべきかどうか迷った。続けるのであれば、メンバーの負担を軽減するために活動の拠点となる店を構えることが必要だ。そうすれば、食事会のとき以外でもさらら膳を提供できるようになり、もっと多くの観光客を呼び込むこともできる。

見つからなければ活動は終わりにするつもりで、適当な場所はないかと探したところ、運良く、20年近く空き家となっている民家があった。遠方に住んでいる持ち主に連絡をとり、使わせてほしいと頼むと、貸すのは無理だが売るのはかまわないとの返事だった。しかし、手元にそんな大金はなかった。坂本さんはどうしたらよいか、あちこちに相談した。「メンバーに出資してもらいNPOや株式会社を設立したら」「公的機関からの借り入れを利用すれば」など、いろいろなアドバイスを受けた。一つ一つ検討したが、さららの実情に合わないものが多かった。

メンバーの年齢を考えると、事業を継続できるのはせいぜい15年ほど。出資を受けると清算のことも視野に入れないといけないが、不動産は簡単に売却できないため資産の分配が難しくなる。また、もともと観光客がこない地域であるため来店客数はまったく読めず、安定した収益をあげられるようになる時期はわからない。公的機関からの借り入れは、毎月の返済が重い負担になるかもしれない。

法人設立や借り入れなどのメリットとデメリットを把握し、さららに最もふさわしい方法を考えた結果、坂本さんは、個人で民家を買い取り、個人事業としてさららの活動を継続することにした。必要な資金はメンバーからの借り入れに求めた。担保なし、利息なし、返済もいつになるかわからないという、坂本さんの信用だけが頼りの条件。主婦は自由になるお金が少ないので目標額には届かなかったが、不足分は坂本さんが親戚からも借り入れ、何とか調達した。

主婦に喜びと誇りを与える存在

　集めた資金で民家を買い取った坂本さんは、メンバーとともにペンキで壁を塗ったり、趣味のパッチワークの作品を並べたりして、店に仕立てあげ、2008年4月に開業した。

　営業は週に四日。木、金、土、日の午前11時から午後4時まで。さらら膳は予約制にし、予約数に合わせてメンバーに応援を頼み、パートとして働いてもらっている。営業日を限定しているのは、家の仕事やほかのパートで忙しいメンバーに過度な負担をかけたくないからである。

　活動が始まったときに19人いたメンバーは、店をオープンしたころには半分にまで減っていた。店を手伝ってくれる人となると、さらに少なくなる。しかし、坂本さんは「資金や労働力を提供しているかどうかに関係なく、さららを応援してくれればいい」という。家の仕事やパートで忙しい主婦が、自分たちのできることをできる範囲で協力してくれた結果が現在のさららであり、今後もそうした協力のスタンスで続けたいと思っているからである。実際、自家製の切り干し大根をもってきてくれるおばあちゃんがいる。坂本さんは地元の食材として重宝しているそうだ。

　最近では、当初はメンバーでなかった若い主婦もパートとして手伝ってくれている。勤務時間が短い分、さららで働いて得られる給料は決して多くはない。「家計の足しにするのであれば、さらら以外で働いた方がよい」と坂本さんもいう。それでも主婦たちが手伝うのは、奥明日香の素晴らしさをたくさんの人に知ってもらいたいと思っているからだろう。

　主婦の協力に支えられて始まったさらら。雇用の受け皿としての貢献は小さく、協力に対する経済的な見返りも大きくない。しかし、家

庭料理をもとにつくったさらら膳を目的に、多くの人が奥明日香にやってくる。このことは、さららとの関わりがある主婦だけでなく、奥明日香に住むすべての主婦に、大きな喜びと誇りを与えているに違いない。

(井上 考二)

⑧ 子育てママの力を社会に発信する

NPO法人マミーズ・ネット

企業概要

代 表 者	中條 美奈子
創　　業	1996年
事業内容	子育て支援サービスの提供
所 在 地	新潟県上越市中田原1
電話番号	025-526-1099
Ｕ Ｒ Ｌ	http://www.mammies.jp
従業者数	18人（女性18人）

理事長
中條 美奈子

　子育て中の女性は、やりたいことを我慢しなければならないのだろうか。NPO法人マミーズ・ネットでは、いったんは仕事をあきらめ、家庭を選んだ母親たちが、育児をしながらスタッフとして活躍している。
　彼女たちの就業ニーズに応えるために、同NPOはどのような工夫をしているのだろうか。

先輩ママが後輩ママをサポート

　新潟県の南西部、かつて上杉謙信が活躍した地である新潟県上越市は、国内有数の豪雪地帯である。人口は約21万人。NPO法人マミーズ・ネットは、その上越市で子育て支援サービスを提供している。

　特徴的なのは、同NPO自身が育児の経験のある女性たちを主体に運営されていることだ。働いているスタッフ18人全員が女性で、発足時から同NPOを支えるベテラン職員を軸に、子どもをもつ母親たちが活躍している。

　母親の視点を活かした活動は、乳幼児が遊んだり親同士が交流したりする場としての子育て応援ひろば「ふぅ」の運営、育児に関する講座での講演、地域の子育て環境について情報交換するフォーラムの運営など多岐にわたる。

　スタッフはボランティアではなく、従業員として給料を受け取っている。非営利とはいえ、事業を持続していくためには資金が必要だ。このため、「ふぅ」の利用や講演は、原則として有償である。もっとも、サービスを受ける人にとって料金が高くなれば、利用しにくくなる。

　そのジレンマを解消するのに一役買っているのが、これまでの同NPOの活動に賛同して支援を申し出てくれた会員からの会費収入である。男女合わせて約70人の個人会員と地域の企業24社の法人会員は、活動を支えてくれる心強い存在だ。そのほか、国や地方自治体などからの助成金を活用し、安価なサービス提供を目指している。

自分に必要なことは皆に必要なこと

　マミーズ・ネットは、1996年に、上越市内の乳幼児を抱える子育てママが集まったサークル組織としてスタートした。

最初の活動は、文部省（現・文部科学省）の委託事業の一つとして、市内の育児サークルが集まって企画した「子育てわいわいフォーラム」だった。そこで、マミーズ・ネットの母親たちは、育児の実体験を赤裸々に表現した演劇「ゲキ白！子育て」を披露した。すると、「まるでわが家のことのようだ」「一人で悩んでいたがほっとした」とたくさんの声が寄せられた。涙ながらに見てくれた人もいた。
　台本を書いたのは、上越市生まれで、現在理事長を務める中條美奈子さんだ。学生時代に上京し、東京の高校でしばらく教鞭をとっていた中條さんは、結婚後、夫の海外赴任を機に退職する道を選ぶ。
　上越市に戻ったのは、娘が3歳になる秋だった。夫も同郷で、落ち着いて育児ができると安心していた。しかし、子育て仲間を探そうと公園に行ってみたところ、人っ子一人いない。この地域は10月下旬にもなると冬の気配が漂い、曇りの日も多い。公園のブランコは外され、滑り台は雪囲いされており、娘を満足に遊ばせることすらできなかった。冬には雪が降り積もり、幼児を連れていては外出もままならない。娘と2人、社会から隔絶された思いで過ごした。
　春がきて、娘が幼稚園に入り、ようやく友人を見つけた中條さんは、孤独だったのは自分だけではないことに気づいた。幼稚園に上がる前の子どもをもつ母親の多くが、どこに行けば子育て仲間と知り合えるのかわからず、苦労していたのだ。自分に必要なことは、皆に必要なことなのではないか。その思いが、活動の出発点となった。

幅広い活動を目指してNPOに

　中條さんたちは、その後も毎年フォーラムに関わり、好評だった演劇は、自分たちでマンガ化していつでも読めるようにした。また、子育て中の人に向けてコミュニティFMの情報番組を担当するなど活動を広げた。

一般に、育児サークルは、子どもが大きくなってしまうと活動が続かなくなってしまうことが多い。しかしマミーズ・ネットは、親のための活動を主軸としていたため、中條さんのように発足当初から参加している人も少なくなく、しかも若い世代の母親たちが次々と仲間に加わって、活動は続いていった。

　一つ一つできることに取り組んでいたマミーズ・ネットだが、運営していくうえでの限界も感じていた。任意団体だと、企業や行政と仕事をしていく際の契約やスタッフへの給与の支払いは、すべて代表者個人名義となるなどの問題が出てくる。子どもが成長していくなかで、より多くの収入を得られる仕事を再開したメンバーもいたことから、組織の継続性が懸念されることもあった。そこで、中條さんたちは、より事業性のある幅広い活動を目指し、2004年にNPO法人格を取得した。

　マミーズ・ネットには、当初から実現したい夢があった。幼児をもつ母親のための居場所をつくることだ。その思いは、2007年の子育て応援ひろば「ふぅ」のオープンで現実となった。趣旨に賛同した地元企業の経営者が、ゴルフ練習場の管理事務所の一部を改築し、安い家賃で貸し出してくれたのだ。小さな教室ほどのスペースは、子どもの安全を考えて、柔らかい素材のフローリングが張られ、絵本やおもちゃが揃っている。端には、母親たちが読書をしたりおしゃべりをしたりできるよう、机といすが置かれ、育児に関する本が並んでいる。反対側は事務スペースとなっており、いつでもスタッフに悩みを相談できる。彼女たちは利用者より少し年上の子どもをもつ、ちょっとだけ先輩のママだ。利用者と同じ目線で語り合える存在である。

　スペースの提供だけではない。「ふぅ」では、赤ちゃんと母親のための「ねんねちゃんの日」、お茶やランチを楽しみながら情報交換する「ふぅカフェ」「ふぅランチ」など、いろいろなイベントが用意されている。

事例編⑧　NPO法人マミーズ・ネット

プチセミナーの様子

　子育てはもちろん大切だが、それだけでは息が詰まることもある。たまには自分の習い事を楽しみたいと思っても、カルチャークラブに幼児を連れていくのは難しい。そんな気持ちに応えるのが「プチセミナー」だ。例えば、手芸やイラストが得意な人が講座を企画する。スタッフと利用者の隔てはない。これに、興味をもった人が自然と加わり、講師をサポートする。たとえ本格的に働くことはできなくても、自分がもつ能力や情報が、多くの人に役立っていると実感できる場にもなっているのだ。

　今では、主に3歳くらいまでの子どもをもつ母親たち60人ほどが、「ふぅ」で提供するこうしたサービスを定期的に利用するまでになっている。

　さらに、こうした活動から生まれた口コミ情報は、年4回発行する情報誌「With Kids News」で発信する。地元企業からの広告収入によって作成されており、小児科や歯科の病院、スーパーなどで無償で配布されている。子ども連れで楽しめるレストランや喫茶店、お出かけスポット、子どもも喜ぶ料理のレシピなど、子育て情報の宝庫であり、利用者以外の地域の母親たちからも人気を集めているという。

情報誌「With Kids News」

子育てママの就業ニーズに応える

　同NPOのスタッフのうち、フルタイムで勤務するのは子どもが大きくなった中條さんら3人で、小さい子どもをもつスタッフはすべてパートである。
　希望する働き方は、幼稚園児のママと小学生のママとでは異なる。一人ひとりのニーズも、子どもの成長によって少しずつ変化していく。子どもが幼稚園児ならば、2、3時間だけ働き、昼過ぎには勤務が終わるほうがよいし、小学校に通うようになれば、夕方まで長く働きたいといった具合だ。毎日ではなく、週に1、2日だけ働きたいという人もいる。それぞれの状況に応じたシフトを組むことで、無理なく働ける環境をつくっている。全体のバランスを取るのは先輩ママの役割だ。
　また、育児中は子どもの病気など急な事態も多く、休んだり、早退したりすることもしばしばある。そのため、チームでの仕事を基本として、特定の人が一人で役割を担うことがないようにしている。

「パートの求人はほかにもありますが、就業日数や時間が決められていて、休みも融通が利かない場合が多く、特に小さい子どもをもつ母親の就業ニーズとは、ずれているのです」と中條さんは言う。

　育児から手が離れるようになれば、長時間パートや正社員として働ける職場を見つけて卒業していく時期だ。それはそれでよい、と中條さんは考える。次にスタッフになる人は、活動に興味をもった利用者のなかから自然と生まれてきている。そして、新しい個性と、子育て真っ最中のママならではの新鮮な意見を持ち込んでくれる。子どもの成長サイクルを活かし、マミーズ・ネットは常に新陳代謝しているのだ。

　子育てという事情がありながら、同NPOの活動が続く秘訣は、育児の忙しさを受け止める柔軟な仕組みと、子育てサイクルを活かしたスタッフの入れ替わりの仕組みにある。

子どもにやさしい地域を育てる

　現在、同NPOが注力しているのが、地元企業の従業員をターゲットとする出前講座である。講座では、スタッフが日々の体験を交えながら、地域の子育て事情や、育児中の女性が置かれている状況、子どもとの接し方などについて語る。子どものいる男性に育児への理解を深めてもらうだけではない。経営者や子どものいない従業員に、小さな子どものいる家庭の実情を伝え、共に働いている子育てママや子育てパパをサポートしてもらえるような環境づくりをしていきたいと考えているのだ。こうした取り組みは、地域全体のより良い育児環境づくりにもつながる。

　地方自治体などが子育てに関する講座を開くことはあるが、そこに自ら足を運ぶ男性はわずかだ。それならば、こちらから企業に出向いてはどうか。「男性も、家庭や子育てに不安を抱えていては、仕事に集中できません。従業員が仕事と家庭のバランスを保って働くこと

は、企業にとってもメリットになります」と中條さんたちはアピールする。企業にとっては講演料の支払いが必要になるものの、講座の回数は少しずつ増えているそうだ。

　女性の就業ニーズは多様である。ライフステージによっても働き方が変わってくる。同 NPO がくみ取るのは、子育て期にあり十分な時間が取れない女性の働く意欲だ。そのニーズを柔軟な仕組みでつなぎ、子育てママの力を社会に発信している。

（渡辺　綱介）

⑨ 活躍の舞台に経験の壁はいらない

(株)ラポージェ

企 業 概 要	
代 表 者	白石 末子
創　　業	1980年
事業内容	着物の仕立て、着物専用ミシン・和雑貨の製造
所 在 地	富山県氷見市泉250-1
電話番号	0766-72-0100
Ｕ Ｒ Ｌ	http://www3.ocn.ne.jp/~lapoge
従業者数	30人（女性25人）

代表取締役
白石 末子

　日本が世界に誇る文化の一つである着物。反物から仕立てていく作業は和裁と呼ばれ、従来から多くの女性が携わってきた。しかし、かつてほど着物が売れなくなったことや、作業の海外流出が進んでいることに伴い、働く場も従事する人も減少傾向にある。
　そうした状況下、富山県氷見市の㈱ラポージェは、着物を通じて女性の活躍の場を確保しようと奮闘してきた。

さまざまな人材が活躍する工場

　㈱ラポージェでは、着物の仕立てを行っている。同社が扱うのは、綿や合成繊維を用いた1、2万円で売られている量産品ではなく、正絹の反物からつくる振袖や留袖など、販売価格が数十万円になるようなオーダーメードの高級品だ。高級着物を注文する場合、呉服店へ出向いて反物を選び、その場で寸法を採ってもらって、デザインまで決める。ただ、そのあとの仕立て作業は呉服店が外注業者に任せるのが一般的だ。同社は大手呉服店を主な取引先としており、生地の裁断といった準備段階から、縫製、仕上げまで、仕立ての全工程を請け負っている。

　着物の仕立ては和裁とも呼ばれ、伝統的に女性が活躍してきた分野である。ただ、業界全体をみると、従事する人の数は近年大きく減少しており、従業員の高齢化が進んでいる企業も少なくない。そうしたなか、従業者30人中25人が女性である同社では、新卒で入社した人やほかの業界からの転職者、子育て後にパートで復帰した主婦、長く同社に勤めるベテランなど、キャリアや年齢にかかわりなくさまざまな人材が働いている。その背景には、未経験者でもすぐに活躍できるようにと仕立てのプロセスの改革に取り組んできた同社の歴史がある。

分業制で初心者にも扉を開く

　同社は、1980年、自身も和裁の経験をもつ白石末子社長を含めた女性4人でスタートを切った。高級織物の加賀友禅を用いた着物の産地に近いこともあり、近隣には自宅の一室を仕事場とするような小規模経営の同業者が数多くいた。さらに和裁を専門に教える学校が実習教材用にと仕事を請け負うケースも多かったため、競争は極めて厳しかったそうだ。しかし、同社は常に社内で互いに得意とする技術を教

え合い、質の向上を図っていくことで、次第に多くの取引先を得るようになっていった。順調に売り上げを伸ばすなか、本格的な改革に乗り出すきっかけが84年に訪れる。以前に職場見学を受け入れた地元の高校から「和裁に興味をもった女子学生がいる。卒業後はぜひ白石さんのところで働かせてもらえないか」と相談を受けたのである。

　製造業者が高校卒の新人を採用する。特に珍しいことではない。しかし、和裁に関しては少し勝手が違っていた。当時、一般的にこの職に就くのは、家族や親類から長期間手ほどきを受けてすでに素養が身についている人、もしくは和裁を教える学校で4、5年かけて技術を習得した人など、いわば即戦力の人材に限られていたのだ。

　しかし、白石社長は考えた。こうした職人仕事にはいずれ高齢化の波が押し寄せるだろう。今のうちから、若い人材を自ら育成していくことも必要ではないか。何より興味をもってくれた人を追い返すのは心が痛む。

　では、未経験者でもすぐに活躍できる方法はないかと作業のあり方に目を向けた。仕立ては、生地の裁断、縫う場所への印付けといった準備からスタートし、袖、身ごろ（体の前後を覆う部分）、衿などの各部分ごとに縫っていく。それらを縫い合わせて全体の形をつくり、仕上げまで含めて30ほどの工程をこなす。従来は、着物1枚ごとに担当が決まり、この全工程を一人でこなすのが業界の常識だった。その常識は、責任の所在を明確にし、着物の質と信頼を守るうえで役立ってきたが、初心者がすべてをマスターし戦力となるには時間がかかるという弱点も含んでいたのだ。

　そこで思い切って導入したのが分業制だった。各工程の連続性も考慮したうえで、最も効率的にできると思われる15の作業にわけ、チームで仕立てを進めていくことにしたのだ。易しい作業ならば、まったくの素人でも2、3カ月でできるようになる。残りはローテーションしながら、徐々に学んでもらえば業務に支障は出ない。結果、全体が

分業制に慣れてくると、経験の浅い人がいるチームも、個人体制と比較して質、量ともに遜色なく縫えるようになったという。採用した学生も順調に育ち、未経験者でも活躍できる仕組みができたのである。

ミシンの導入で海外流出に待った

　分業制が軌道に乗ったものの、90年代に入ると競争はさらに激しくなってきた。人件費が安い海外に工場を建て、自前で着物を仕立てる大手呉服店が増えはじめたからだ。

　その流れは安価な合成繊維の規格品のみならず、仕立ての難しい正絹の高級着物にも及んでいた。分業制を導入する海外工場もあり、技術レベルは短期間で上がってきていた。このままだと同社の受注に大きな影響も出かねない。何より白石社長にとって気がかりだったのが、仕事の海外流出に伴い「せっかく学校で和裁の技術を身につけても、働き口がみつからない」という声を耳にするようになったことだ。日本の伝統文化である着物。それに憧れる日本人が国内で不安なく仕事に取り組めるよう受け皿となることも、自社にできる大切な役目だと考えた。

　そこで海外工場にも対抗できるように、さらなる効率化を進めようと目をつけたのがミシンだった。当時、すでに合成繊維の着物に洋服用のミシンを用いている工場はあった。しかし、正絹は、生地が非常に柔らかく、ミシンを使うと縫い合わせの部分が縮んでしまうため、国内でも海外でも手で縫っていたそうだ。着物専用にアレンジしたミシンをつくってもらえばよいのだが、メーカーに相談しても採算が取れないと相手にされなかった。それでも白石社長はあきらめず、「自社でやってみよう」と決意し、メーカーから引き抜いた技術者と二人三脚で取り組んでいった。

　努力が実ったのは、開発スタートから2年ほどたった97年のことだ。通常と異なり、生地ではなくミシンヘッドを動かす方式を用いた

試作機が完成。生地の縮みが解消され、ついに縫製のほとんどがミシンでできるようになった。「個人体制で手縫いしていたころと比べ、仕立てのスピードは約2.5倍にまで達した」という。さらにミシンは、技術を学ぶ期間が短くなるという効果ももたらした。素人でも3カ月ほどあれば、ミシン縫製が一通りできるようになり、未経験者をより採用しやすくなったのである。

その後、同社は開発したミシンを同業者や呉服店に販売し、ミシン縫製の普及に一役買ってきた。近年は、縫製のすべての工程がこなせる小型のミシンもつくり、和裁の教育機関や独学者向けに販売している。作業効率の高いミシン縫製が短期間で習得できるということを和裁に携わる多くの人に伝えていくためだ。一方、「国内でこの技術を継承していく」という方針を貫くため、開発したミシンは海外には販売していないそうだ。

現在も、海外では正絹の着物は手で縫うのが主流であるが、国内のミシン縫製より単価が安い状況に変わりはないという。しかし、白石社長の試みが無駄だったわけではない。以前より作業時間が短くなり価格差が小さくなったことで、輸送も含んだ仕立て日数、質やアフターケアの面では優位に立つ国内工場が、海外に対抗しやすくなったのである。

人材の多様化が業務に活きる

「和裁に興味がある若い人でも、一通り仕事ができるまで数年の修業が必要と聞けば、尻込みするでしょう」と白石社長はいう。まして いったん社会に出ると、その時間を確保することも難しい。和裁の職に就くには寄り道できないというかつての状況には、多様な人材が集まるのを妨げていた面もあったのだ。しかし、早くから分業制とミシンを導入してその問題を解決した同社は、さまざまな人材が働く企業と

して成長しながら業務の幅も広げてきた。

　現在、同社は着物に関連した企画製品を生み出し、自社のホームページを通じて販売するようになっている。例えば、余った着物の生地２枚の間に芯となる綿や羊毛を挟み、縫い合わせて装飾していく「きものキルティング」だ。もともと着物の生地はデザインが華やかなこともあり、キルティングの出来上がりは絵画のように美しい。額縁に入れたり、タペストリーにしたりとインテリアとして活用され、お土産用として人気が高いという。

　企画には、全従業員が積極的に関わってほしいと白石社長は考える。そこで、面白いアイデアを発案したら、その人には企画に集中できるよう翌日から工程ラインを外れてもらう。製品化に成功すれば、ヒットしたかどうかに関係なく、ちょっとしたボーナスも出す。負担を減らし逆にインセンティブを与えることで、やる気を引き出しているのだ。その結果、下駄の鼻緒回りを着物の切れ端でおしゃれに飾る「花緒ちゃん」、ミニチュアサイズの着物で便箋（びんせん）を包みそのまま贈り物にする「Kimono DE めぇる」など従業員のアイデアが活きた多彩な製品が生まれた。

　そのなかには和裁の技術をまったくもたずに入社した人から出たものも多いそうだ。理由の一つとして、白石社長は「じっくり学んだ経験がない人の方が柔軟な発想をしやすいのかもしれません」と指摘する。素人だからこそ、技術的に実現可能か、常識やルールに反しないかといった心配をせず、思いついたことをどんどん実行できる。一方、ベテランのもつさまざまな縫製ができる応用力も、開発には欠かせない。いろいろなタイプの人がいることが、新製品を生み出す力にもなっているのだ。

　さらに、同社は長く安心して働ける環境も整えている。その一つが、保育士の資格をもつ担当者が常駐する保育ルームの設置である。実はそれを常に利用している従業員は多くはない。しかし、例えば普段は

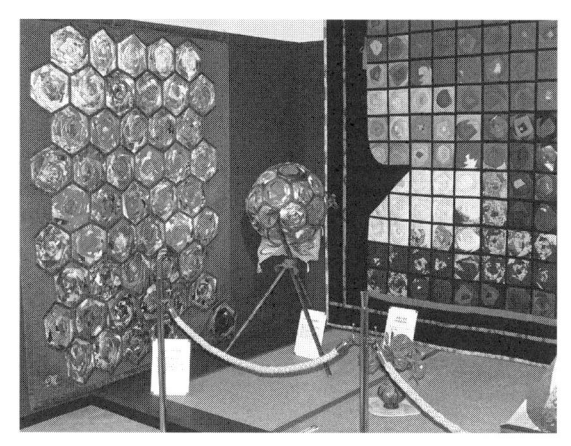

きものキルティング

　親が子どもの世話をしてくれるという人も、たまたま親が病気になったり外出する用事を抱えたりすれば、自分で子どもの面倒を見る必要が出てくる。そんなときに気軽に預かってもらえるという安心感があるから、仕事を続けやすいのだ。
　正社員からパート、パートから正社員へ自由に転換できる制度も特徴だ。女性には、出産、子育てといった事情で、フルタイムでは働きにくい場面が訪れやすい。そうしたときに正社員からパートに転換し、状況が落ち着いてから正社員に復帰する従業員がこれまで何人もいた。現在、パートとして管理職を務める人もいる。このような良きロールモデルがいるから、自己のライフサイクルに合わせて、無理なくキャリアを積むことができるのである。
　こうした仕組みは企業として技術を維持していくうえで極めて重要だ。同社が長年蓄積したノウハウを身につけた女性たちが、長く同社で働き続けるだけではなく、その間に若い後進を指導することにもつながるからだ。着物に憧れる女性がいきいきと働ける同社の風土は、その礎である技術力とともに、今後も続いていくことだろう。

(今野　慈彦)

子育て主婦が輝き続けるために

(株)コッコト

代表取締役
宮本 直美

企 業 概 要	
代 表 者	宮本 直美
創　　業	2008年
事業内容	バックオフィス業務の代行、カルチャースクールの運営
所 在 地	埼玉県さいたま市中央区上落合3-7-13
電話番号	048-607-2500
Ｕ Ｒ Ｌ	http://coccoto.jp
従業者数	16人（女性16人）ほか登録スタッフ150人（うち女性149人）

　もしも「仕事と子育て、どちらを優先するか」と聞かれたら、あなたはどう答えるだろうか。きっと悩むに違いない。
　仕事をもつ女性たちのなかには、この選択を迫られ、悩んだ末、育児に専念するために退職を選ぶ人も少なくない。
　埼玉県の㈱コッコトは、こうした女性たちのキャリアアップを応援している。

M字カーブの谷に挑む

　女性の労働力率を年齢階層別に追うと、30歳代でいったん落ち込む、ふたこぶ型の曲線を描く。俗に「M字カーブ」と呼ばれる現象だ。㈱コッコトは、このM字カーブの「谷」の解消に挑んでいる。勤務経験のある子育て中の女性を組織化し、企業の業務を代行する会社である。

　クライアントは首都圏の中小企業、約80社。経理事務やデータ入力、ホームページ制作など、バックオフィスで行う業務を中心に請け負い、同社が登録スタッフに発注する。現在、同社には150人ほどの女性が登録しており、常時50人程度が稼動している。なかには、大企業での勤務経験があったり、高度なスキルや知識をもっていたりする人も少なくない。

　仕事と子育ての両立を可能にする秘密は、その働き方にある。一つは「在宅」だ。スタッフは、基本的には自宅で仕事をこなす。専用回線でデータをやり取りし、打ち合わせはメールや電話で行うため、出社の必要はない。契約上は個人事業主であるため、納期を守りさえすれば、あとは自分の裁量で作業を進めることができる。子どもの昼寝中など、細切れの時間の活用も可能だ。スタッフが自宅のパソコンにデータを保存したりプリントアウトしたりすることができないシステムを採用し、セキュリティーの確保には万全を期す。また、納期の遅れやミスを防ぐため、同社の従業員がリーダーとして登録スタッフを取りまとめ、進捗状況や仕事の質を管理する。

　もう一つの働き方は、「子連れ出社」である。セキュリティーがどうしても気になるというクライアントのために、スタッフが同社の事務所で作業を行うケースもある。この場合、同社では、子連れでの出社を促している。80平方メートルの事務所の半分以上を事業所内託児

事業所内託児所で遊ぶ子どもたち

所が占めており、保育士の資格をもつ女性従業員２人が子どもの面倒をみる。託児料は１時間当たり200円と手頃に抑えた。同じ建物にいるから授乳もできるし、急な体調の変化にも目が届くので安心だ。働くときも子どもと一緒。だからもう、「仕事か子育てか」で悩まなくてもいい。「仕事も子育ても」が同社のスタイルなのである。

出産を機に「脱・仕事人間」宣言

　今でこそ「仕事も子育ても」を標榜する同社社長の宮本直美さんだが、少し前までは、完全な「仕事人間」だったらしい。

　宮本さんは、短大を卒業後、自動車の輸出を手がける商社に入った。彼女はそこで、仕事の楽しさに目覚める。入社当時、従業員10人ほどだったその企業が、わずか９年間で350人の規模にまで急成長を遂げたのである。経理担当だった宮本さんは、昼夜を問わず、仕事に没頭した。企業が日々成長していく実感と、それをバックオフィスから支えている責任感が心地良かった。

　部下も増えた。肩書きは経理部長となり、若い女性を中心に、20人ほどのチームを率いるようになった。こうなると、結婚や出産で退職

する人も現れる。せっかく育てた人材に辞められては、企業にとって痛手だ。説得により残ってくれた人もいたが、子どもが体調を崩したと会社を休むことが多かった。「子育ては大変だとしても、もう少し仕事を頑張ってくれてもいいのでは」。子育ての苦労を頭では理解し、退職せず残ってくれたことに感謝しながらも、心のどこかに引っかかりを感じていた。

　そんな宮本さんの考えにも、やがて変化が生じる。自身が第1子を妊娠したのだ。勤務時間を抑えながらでも経理部長のまま仕事を続けてほしい、と上司や同僚たちは言ってくれた。仕事は好きだし、いつまでも続けたい気持ちもある。それでも、自分が周囲に迷惑をかけるのかと思うと、我慢がならなかった。悩んだ末、出産を前に退職を決意した。

　しかし、人の性分が簡単に変わるわけではない。出産して数カ月もすると、仕事の虫がうずきだした。もちろん、子どもはかわいい。いつも一緒にいてあげたい。一方で、子どもの成長を待っていては、長いブランクが再就職の妨げとなるのではという危機感があった。しばらく「仕事人間」と「家庭人間」との狭間(はざま)で揺れ動くうち、ある考えが頭に浮かんだ。いっそ自分で会社を立ち上げてはどうか。それなら、都合の良い時間に、好きなだけ働ける。仕事と子育ての両立のために、創業の道を選んだのだった。

　それまでのキャリアから、バックオフィスの代行という発想は自然と浮かんだ。ただ、一人ではできる仕事の量は知れている。そこで、自分と似た境遇の女性を集めることにした。これまで出会ったママ友達のなかには、素晴らしい経歴やスキルの持ち主が何人もいた。世の中には、もっとたくさんの人材が眠っているに違いない。その力を借りることは、ひいては彼女たちの将来の社会復帰支援にもなるはずだ。そう考え、宮本さんは、子どもが1歳を迎えた2008年2月にこの事業を立ち上げ、同年9月には法人を設立した。「1歳から3歳くら

カルチャースクールの様子

いまでの子どもを、ママさん言葉で"こっこ"と呼びます。社名には、こっことと一緒に成長しようという思いを込めました」。社名でも、「仕事も子育ても」を宣言しているのである。

社会に再び踏みだすきっかけをつくる

　家庭に眠る人材をスタッフとして広く集めるには、少し工夫がいる。求人広告やハローワークをチェックするのは、すでにある程度仕事に気持ちが傾いている人だ。同社の真のターゲットである、働くことへの思いをひとまず封印した人たちには気づいてもらえない可能性がある。そこで同社は、異なる角度からアプローチする。託児サービス付きのカルチャースクールを定期的に開くのである。メニューは創業当初から徐々に増え、今ではヨガやフラワーアレンジメントなど13種類にも及ぶ。講師は専門家を招くほか、同社のスタッフが務めることもある。探せば、さまざまなバックグラウンドや特技をもつ人はいるものだ。

　なぜ、カルチャースクールがスタッフ集めに効果的なのか。子育て

中は、どうしても家に閉じこもりがちになる。心のよりどころを求め、「社会とつながっていたい」「ママ友達がほしい」と考える子育て主婦は多い。託児サービス付きとなると珍しいため、同社のブログで開催の告知をすれば、参加者はすぐに集まるという。その会場で、同社の事業の案内もするのである。

　もちろん、すぐにスタッフの登録につながるわけではない。ただ、よく似た境遇の女性が活躍する姿に触発され、再び仕事の魅力に目覚める人がいるのも事実だ。託児料込みでも手頃な価格になるようレッスン料を抑えているので、スクール事業では利益は出ないという。それでもこの事業は、人材獲得の手段であると同時に、女性たちと社会の接点となっている自負がある。だから今後も、やめるつもりはない。

代行ビジネスが成り立つ理由

　同社のビジネスモデルには、注目すべきポイントが三つある。一つ目は、特定の個人の力に依存していない点だ。高い能力をもち長時間働ける人には大きな仕事を、スキルが未熟だったり短時間しか働けなかったりする人には小さな仕事を担当してもらう。大小さまざまなピースを集め、企業全体で一つのジグソーパズルを完成させるイメージだ。

　二つ目は、代行するのが主にバックオフィスの業務である点だ。経理やデータ入力などバックオフィスの仕事には共通ルールのようなものがある。スタッフにとっては、勤務時代に身につけたスキルや経験が応用できる。クライアントにとっては、商品開発や販路開拓などのような他社との差別化に寄与する類の業務ではないため、外注することに抵抗が少ない。

　三つ目は、ターゲットを中小企業としている点だ。中小企業では、1人の従業員が複数の仕事をこなしているケースが多い。経営者自身がバックオフィスの業務を行っていることもある。こうした業務を専

門のスタッフに任せ、余った時間や労力を本業に振り向けることができれば、収益力の向上につながるはずだ。改善の余地は、規模の小さい企業ほど大きいといえる。

　もともと代行ビジネスには、特有の難しさがある。「やろうと思えば自分でもできる仕事」にお金を払ってもらうのだから、ハードルは高い。「それまで誰がやっていた」「どんな仕事を」「誰が代わりに行うか」。この組み合わせを工夫し、いかにコストを小さく、メリットを大きくできるかが勝負の分かれ目となる。その点で、「それまで中小企業の従業員が片手間でやっていた」「バックオフィスの仕事を」「勤務経験のある子育て主婦が代わりに行う」同社のビジネスモデルは、理に適（かな）っている。

子育て主婦の今と未来に橋を架ける

　取材を終える間際、宮本さんに、少し意地の悪い質問をしてみた。「子どもが手を離れた女性はどうなるのですか」。片手間の働き方では物足りなくなる人もでてくるのではと思ったからだ。すると宮本さんは、こう答えた。「当社を離れ、再就職する人は結構いますよ。でも、わたしはそれでいいと思っています。もともと、子育て主婦の力になるために始めた事業ですから。むしろ、当社を卒業し再び社会に復帰する人が増えるのは、喜ばしいことですよね」。普通なら、育てて囲い込むのがセオリーだろう。「仕事人間」だったころの宮本さんだったら、この答えは出てこなかったかもしれない。

　ほかにも、宮本さんには、勤務時代から変わったものがあるという。仕事に対する姿勢だ。仕事は、かつては職場に行けば誰かが与えてくれるのが当然だと思っていた。だが、今は自身が動かなければ生まれてはこない。自分の進む道は自分で決めようと、キャリアについて積極的になった。そんな意識の変化は、スタッフの間にも波及しはじめ

た。なかには、同社のカルチャースクールで講師をしたことがきっかけで、プリザーブドフラワーのネットショップを立ち上げた女性もいるというから、人生は面白い。

　子育て期間は、キャリアにおけるブランクとは限らない。とらえ方によっては、さらなる飛躍のきっかけにもなるということだ。「仕事か子育てか」と聞かれて言葉に詰まった人も、同社が支える今なら、胸を張って言えるに違いない。「どちらもあきらめない」と。自分のやりたいことをみつけ、家族とともにその夢に向かってコツコツと努力を重ねる彼女たちの姿は、自信に溢れ、輝いてみえる。M字カーブの谷を埋めようと起こした小さな企業は、子育て主婦たちの「今」と「未来」をつなぐ、大きな架け橋となっている。

（藤井　辰紀）

ライフステージで選ぶ
等身大の働き方

(有)さいさい

企　業　概　要	
代 表 者	西村　悦子
創　　業	1994年
事業内容	弁当の製造小売
所 在 地	福岡県福岡市東区社領1-12-1
電話番号	092-623-6138
Ｕ Ｒ Ｌ	http://www.looknet.jp/saisai
従業者数	16人（女性12人）

代表取締役
西村　悦子(左)

前代表取締役
森岡　静子(右)

　人生に転機はつきものだ。きっかけは、結婚や出産など自身の事情だったり、家族の転勤や進学など周辺の事情だったり、いろいろだろう。
　転機は、ときに人の考えを変える。例えば、理想とする働き方だ。育児中はパートタイム、子どもが大きくなったらフルタイムといったように、自由が利く時間の長さなどによって、理想は変わる。福岡県の㈲さいさいは、従業員のこうした就業ニーズの変化を、柔軟に受け止めている。

安心となつかしさを届けるおふくろの味

　㈲さいさいの朝は早い。夜も明けきらない４時ころから仕込みが始まる。日が昇るにつれ従業員の動きは慌ただしさを増し、作業が大詰めを迎える昼前の厨房は、さながら戦場のような忙しさだ。

　同社は、弁当の販売を行っている。１日約700食を売り上げる人気店だ。ランチのみを扱い、配達で８割、店頭で２割を売る。配達先は、オフィスや町工場から、高齢者などの個人宅まで幅広い。車で片道30分圏内であれば、１食からでも届ける。

　メニューは、サイズの異なる日替わり弁当や丼もののほか、単品の惣菜など。保存料や添加物を用いず、野菜をふんだんに使った健康的なメニューが中心だ。おかずはもちろん、デザートまですべてを手づくりする。冷凍食品には頼らず、だしも自分たちできちんと取る。地元産の季節の食材を取り入れ、食べ飽きない、素朴なおふくろの味を目指した。１食平均500円と、近隣の同業他社と比べて安い価格ではないものの、なつかしさを感じさせる手づくり弁当には固定客も多い。

　従業者は20～60歳代まで幅広い。男性４人、女性12人の計16人で、うち９人がパートである。調理担当が５人で、あとの11人は主に配達を担当している。

働く場所は自分でつくる

　同社を1994年に創業した森岡静子さんは、それまで劇団のマネジメント会社で事務員をしていた。仕事に不満はなかったものの、バブル崩壊後、職場の環境が一変した。客足の減少で業績が悪化し、人員削減が始まったのだ。当時53歳だった森岡さんは、リストラの足音が自らの身にも迫っているのを薄々感じるようになった。このままでは、

同社の店舗

今後何年勤められるかわからない。年を重ねるほど、再就職は困難になる。不安が募り、ついに退職を決意した。

　もちろん、そのままリタイアするつもりはない。家計を助けなければならないし、何より、働くのが好きだった。次の職を探すため、さっそくハローワークに駆け込んだ。ただ、年齢が年齢だけに、そう簡単には仕事は見つからない。ある程度予想していたとはいえ、職探しの厳しさに、何度もくじけそうになった。

　ここであきらめないのが森岡さんの強さだ。働く場所がみつからなければ、自分でつくればいいと、すぐに前を向いた。起業を思い立ったのだ。今思えば、随分思い切った決断だった。何しろ、事業内容も決まっていない段階の話である。

　まず森岡さんは、一緒に起業を目指す仲間を探した。働く場所がないと悩んでいるのは、自分だけではないはずだと考えたからだ。友人に声をかけたところ、果たして、3人の女性が賛同してくれた。

　事業内容は、ほどなく固まった。それが弁当の小売だ。料理は得意なほうだったし、メンバーに調理師免許をもつ人がいたことも大きかった。コンセプトは、体にやさしい弁当とした。自分たちに何がで

きるか、時代が何を求めているかを皆で話し合い、たどり着いたアイデアだ。当時から弁当のチェーン店や宅配業者はあったが、健康志向を掲げる店は少なかった。味、ボリューム、価格に次ぐ第4の軸をもち込めば、差別化は図れると踏んだ。

　最初は、ビジネス街が近いオフィスビルの一室からスタートした。100食規模で、配達に限定したビジネスだ。店売りをしようとすると、店舗への初期投資や毎月の家賃が高くつく。主婦4人の開業で、どのくらいのニーズが見込めるかもわからないまま、いきなり大きなリスクを負うのは避けたかった。

　とはいえ、店を構えない以上、待っているだけでは弁当は売れない。さっそく、試食用の弁当とチラシをもって、オフィス街で飛び込み営業を開始した。「行動力には自信があります。こういうのが苦にならない性分なのでしょうね」。森岡さんは、当時を振り返り、ちゃめっ気たっぷりに笑う。

　狙いは見事に的中した。間もなく、美容や健康に関心の高い女性から主に支持を受け、注文がコンスタントに入りだした。4人では人手が足りなくなり、新たに1人、2人と従業員を雇い入れた。98年には法人化を果たした。2002年には車の通りの多い道に面した現在地に移転して、店頭での販売も行うようになった。

「自分の職場」から「自分たちの職場」へ

　実はもともと、事業を大きくするつもりはなかった。自分が働ける場所があれば、それでいいと思っていた。だから、期せずして大きくなった事業には、当初、戸惑いがあった。「開業メンバーのほかに人を雇ったことで、後戻りができないところまできてしまったと、責任の重さを感じるようになりました」。森岡さんは、当時の複雑な心境をこう打ち明ける。

調理をする従業員

　ただ、そんな戸惑いは、すぐに捨てた。自分には働ける場所があり、さらに他人のことまで考えられる立場になったのだ。考えようによっては、こんな幸せなことはない。そこで森岡さんは、自分と同じような境遇の人たちが共に働ける場をつくろうと考えるようになった。

　目を向けたのは、働く意欲はあっても年齢や希望の勤務時間などがネックとなって就職先がみつからず、苦労している人たちだ。採用者のなかには、60歳代の人もいれば、短時間しか働けない子育て中の人もいる。若年の就職浪人が多いと聞き、ハローワークに登録していた20歳代前半の男性も採用した。

　森岡さんは、これらの人たちが抱えているネックをあまり問題にしない。年齢が理由で自身が再就職に苦労しただけに、採用に当たって年齢に条件を設けはしなかった。それに、勤務時間の希望のバラツキに対しては、その時間にできる仕事を割り振れば対応できると考えた。同社の仕事は、全員が同時に出勤し、同時に退社する必要はない。配達担当は、弁当が出来上がるころに出勤すれば済む。子どもの世話で朝夕は働けない人は短時間で終わる配達の担当とし、家事負担の少ない男性や時間に比較的余裕のある高齢女性を厨房に回すわけだ。こ

うした配置の仕方は、似たようなライフステージにある人ばかりを雇っている企業では難しい。多様な就業ニーズの持ち主を集めたからこそできる分業である。

また、若い男性を採用したことで、メニューにも幅が出るようにもなった。ビビンバ丼など若い男性が好む商品がそうだ。オフィスに配達に行く際に、女性だけでなく男性からも注文があれば、1回の配達当たりの販売額が増え、効率は高まる。

気持ちだけでは雇用を維持することはできない。ビジネス上のメリットを見出してこそ、従業員との間でギブ・アンド・テークの関係が成り立つ。こうして同社は、求人側と求職側の希望のミスマッチが引き起こす就職難に、正面から向き合ったのだ。

ちなみに、同社の従業者の大半が、近所の人である。16人のうち、13人が片道30分圏内に住んでいる。高齢者や育児中の人は、自宅の近くで働きたいと考えることが多い。結果として、土地勘があり、配達ルートになじみのある人が多く集まった。

就業ニーズは変わる

働きやすい環境をつくるために打った手は、ほかにもある。子どもが体調を崩したり、学校の行事があったりして急に休まなければならない場合に備えて、バックアップの仕組みも整えた。配達担当にペア制を敷き、ルートを覚え合うことで、互いにカバーできるようにしたのだ。さらには、公平性を保つため、育児休暇や看護休暇などの制度も就業規則に盛り込んだ。

ここまでしたのだから、もう十分かといえば、そうでもない。就業ニーズは、一人ひとりで異なるだけでなく、同じ人のなかでも、ライフステージによって変わるからである。

例えば、ある正社員の女性からは、非正社員に転換したいとの相談

を受けた。夫が単身赴任し、自分が家事や育児を一手に担うことになるため、今後は仕事に割く時間やエネルギーを少しセーブしたいのだという。そこで本人と十分に話し合い、それまでは８時間のフルタイムに加えて残業することもあった勤務時間を５〜６時間に短縮し、早く帰宅できるように変更した。

　反対に、短時間勤務だった非正社員の女性から、時間に少しゆとりができ、収入を増やしたいので、正社員として働かせてほしいと相談を受けて、勤務時間を延ばしたケースもある。

　もし、一度決めた働き方を変えられなければ、希望と現実の間には溝ができ、やがて仕事を続けられなくなるかもしれない。同社のもつ柔軟性は、こうした就業ニーズの変化によって起こりうる退職をも未然に防いでいるのだ。

守るものをもつ者の強さ

　経営効率や管理の手間を考えれば、個々の事情に配慮しすぎるのもよくないのではないか。森岡さんに尋ねると、こんな答えが返ってきた。「でも、事情を詳しく聞いてしまうと、断りきれなくて。働きたくても働けない苦しさは、わたしもよく知っています。経営と人情のバランスを取るのは難しいですね」。94年の創業から16年がたつ。すでにベテラン経営者の風格漂う森岡さんらしい台詞に感心していると、横からちくりと一言。「母はいつもこんな調子なので、困ります。人情だけで食べていくことはできませんから」。苦笑いを含みつつも、少しうれしそうに話すのが、娘の西村悦子さんだ。実は、2010年10月に、代表取締役のポストを母から引き継いだ。

　新社長の西村さんが人情や理念といった形のみえないものに否定的かといえば、決してそうではない。インタビューを通して言葉少なだった西村さんだが、同社が今後歩むべき道筋に話が及んだときのこ

とだ。「合理的にコストを削減し、価格競争の波に身を任せたほうがどんなに楽だろうと思うときもあります。けれど、当社には、体にやさしい弁当をつくるという信念と、それを支持してくれる従業員やお客さんがいます。簡単にあきらめるわけにはいきません」。そう言葉を継いで、西村さんは前を向いた。

　同社は、顧客の健康を考えた弁当づくりと、地元住民の雇用の場づくりという二つの信念を大切にしてきた。移りゆく時代のなかで、何かを守り続けようとすれば、ときに苦しみを伴うものだ。しかし、守るものがなければ得られない強さもある。同社では、その強さは次の世代にもしっかりと受け継がれている。

（藤井　辰紀）

⑫

「人に始まり人に終わる」組織改革

(株)カミテ

企業概要

代 表 者	上手 康弘
創　 業	1988年
事業内容	精密機械部品の製造
所 在 地	秋田県鹿角郡小坂町荒谷字三ッ森62-1
電話番号	0186-29-2611
Ｕ Ｒ Ｌ	http://www.kamite.co.jp
従業者数	32人（女性16人）

代表取締役社長
上手 康弘

　大企業の人事担当者も視察に訪れる従業者32人の企業が、秋田県の小さな町にある。㈱カミテは、内閣府の「子どもと家族を応援する日本」内閣総理大臣表彰や厚生労働省の「ファミリー・フレンドリー企業表彰」厚生労働大臣努力賞など数々の受賞歴を誇る、ワークライフバランス先進企業だ。
　その取り組みの一つ一つに学ぶところが多いのはいうまでもない。だが、真に注目すべき点は、同社の「人に対する姿勢」である。

始まりは従業員からのリクエスト

「企業にとって、人はコストではありません。財産なのです」。インタビューに臨み、㈱カミテの上手康弘社長は、こう切り出した。

同社は、家電やオーディオ機器などに用いられる部品の精密プレス加工を手がけている。金型の設計からプレス加工まで、一貫して行うことのできる技術力が強みだ。品質マネジメントシステムや環境マネジメントシステムの国際規格（ISO9001、ISO14001）を取得するなど、品質の向上や環境への対策にも力を入れている。主要取引先には、ソニーやキヤノンプレシジョンなど、大手メーカーの名前が並ぶ。

創業は1988年。東京都で精密部品メーカーを営む上手社長の父が、取引先や秋田県から誘いを受けたことがきっかけで、息子の康弘さんが現在地に同社を設立した。それから20数年。当初は5人ほどで始めた企業も、今では30人以上の従業員を抱えるまでに成長した。過疎化が進む地域にあって、貴重な雇用の場となっている。

同社には、その技術力とは別に、広く知られた一面がある。ワークライフバランスの先進企業という顔だ。90年代も終わりに差しかかったころのことである。きっかけは、課長職にまで昇進した1人の女性従業員の妊娠だった。子育てをしながら仕事を続けるのは難しい、そう彼女から相談があったのだ。

せっかく一人前に育てた従業員に、辞められてしまうのは痛手だ。しかも、平均年齢が30歳前後と若い同社では、その後も結婚や出産を迎える人が続く可能性があった。企業を支えてくれる従業員のために、企業として何かできることはないか。こうして、同社の取り組みは始まった。

支援策は従業員へのメッセージ

　どうすればもっと働きやすくなるのか、上手社長は、従業員一人ひとりに尋ねた。そして、できるところから少しずつ対策を進めていった。その結果、最初に申し出のあった女性従業員のニーズをくみ取った育児休業制度をはじめとして、看護休暇制度、短時間勤務制度といった、さまざまな制度を充実させていった。

　ただ、要望はあっても、簡単には実現できそうにないものもあった。事業所内託児所があれば子育てしながらでも安心して働けるという声は、何人もの従業員から寄せられたが、設備投資には多額の費用がかかる。上手社長は、なかなか決断できないでいた。

　そんなとき、あるパンフレットが目に留まる。㈶21世紀職業財団の助成制度の案内だった。一定の条件を満たせば、設備投資の半分を助成してくれるのだという[1]。「これだ」と窓口に問い合わせると、すぐに担当者が駆けつけ、話はとんとん拍子に進んだ。そして、2000年、総額1,700万円をかけた「カミテチャイルドハウス」が完成した。

　若い従業員が多いこともあり、設置以来、託児所はずっと盛況である。現在は、専属の保育士を2人雇用し、4歳児までを中心に多いときで9人の子どもを預かっている。料金は無料だ。

　こうした取り組みの集大成として、2007年4月には、東北地方で初めて、次世代育成支援対策推進法に基づく厚生労働大臣の認定を受けた。この認定を受けるには、仕事と子育てを両立するための行動計画を策定し、それを達成する必要がある。同社では、2年以内に、育児休業取得率を男性で20％以上、女性で100％とすること、年次有給休暇

---

[1] 2011年5月現在、同財団には事業所内託児所設置に対する助成金はない。ただし、厚生労働省などには同様の助成金がある。利用の際は、各機関にあらためて確認願いたい。

カミテチャイルドハウス

の取得率を60％以上とすることなどの計画を掲げ、見事にクリアした。

　制度を導入したり、認定を受けたりするのは、手間のかかる作業である。にもかかわらず、あえてそれらに取り組むのは、「育児を理由に会社を休むのは正しいことであり、会社や同僚に対して何ら遠慮する必要はない」というメッセージを従業員に伝えたかったからだという。

組織を俯瞰する目を養う

　もちろん、どんなに制度を充実させたところで、それを利用しやすい雰囲気でなければ、絵に描いた餅で終わってしまう。実際、多くの企業では、育児休業制度があっても、その取得は必ずしも進んでいない。業務への支障や同僚の負担増を考えると、長期休業の取得には二の足を踏んでしまうというのが実態のようだ。

　では、同社ではなぜ、制度の利用が進んだのか。それは、休業者が出たときに備え、常にバックアップできる体制を敷いたことが大きい。キーワードは、従業員の多能化だ。3年単位で部門間を異動させる計画的なジョブローテーションを行い、従業員全員に、金型製造、

プレス、検査、総務などのなかから、二つ以上の部門を経験させる。１人が休むことになっても、別の人がすぐにカバーできる仕組みだ。

　実は当初、多能化に着手した狙いは、育児支援とは別にあった。それは、組織の効率化である。かつて同社では、従業員が部門を超えて異動することはほとんどなかった。そのほうが知識や経験の蓄積が進み、効率が上がると考えていたからだ。しかし上手社長は、会社全体でみると無駄が潜んでいるのではないかと徐々に感じるようになっていった。部門によって、仕事の繁忙期は異なる。プレス部門が忙しいときは金型製造部門の手が空いていたり、金型製造部門が忙しいときは検査部門の手が空いていたり、といった具合にである。また、農業が盛んな地域柄、田植えや稲刈りの時期には家業の手伝いで仕事を休む従業員も少なくなかった。

　もし、部門間で仕事をカバーし合えば、こうした繁閑の波をならすことが可能となり、組織としての効率性が高まるのではないか。そう考え、90年代半ばから、中長期的な研修計画を策定し、部門間の人材の交流を図りはじめたのだった。

いつも「お互いさま」の精神で

　多能化の導入は、従業員の意識にも変化をもたらした。以前は、皆が自分の仕事しか考えず、前後の工程を受けもつ部門がどんな仕事をしているかさえほとんど知らなかった。コミュニケーションが不足し、工程間で引き継ぎはスムーズに行われているとは言い難い状況だった。

　ところが、前後の工程を知ることで、次の相手が作業をしやすいよう段取りをするなど、各自が工夫するようになっていった。かつてはミスが起こると他の部署のせいにすることもあったが、それもなくなった。皆が同僚のこと、会社のことを考えるようになったのだ。同社で、育児休業制度などがすんなりと浸透した理由として、相手の事

カミテチャイルドハウスで遊ぶ子どもたち

情を斟酌(しんしゃく)する姿勢があらかじめ根づいていた点も見逃してはならないだろう。

　とはいえ、長期休業を取得するのが育児中の若い従業員だけでは、カバーするだけの中高年の従業員に不満がたまってしまう。そこで、育児だけでなく、家族の介護も休暇の対象とした。上手社長は語る。「年配の従業員には、今後はあなたたちが助けてもらう番だよと、いつも伝えています。若手の従業員も、こうした『お互いさま』の精神はしっかり理解してくれているようです」。

　最近では、女性従業員だけでなく、男性従業員にも、事業所内託児所や休暇制度を利用する人が増えつつあるという。育児だけでなく、地域の行事に参加するために休暇を利用する人も増えた。以前は従業員のなかに、ワークライフバランスをどこか他人事のようにとらえる風潮があったが、最近は皆が自分の身に照らして考えるようになってきたと、上手社長は感じている。

　互いに休むのを遠慮するくらいなら、互いに助け合ったほうがよほど建設的だと考える。この「お互いさま」の精神があればこそ、ワークライフバランスが絵に描いた餅では終わらずに済んでいるのだ。

人はコストではない

　ところで、こうした取り組みはコストを伴うものであることは間違いない。いったい、経営上のメリットはあるのだろうか。素朴な疑問が浮かび、思い切って尋ねてみると、上手社長は大きくうなずいた。

　一つは、男女を問わず、優秀な人材が確保できるようになったことだ。同社では、数年に1人のペースで、新卒の従業員を採用している。新卒ではなかなか人が集まらない中小企業も少なくないなか、採用難で苦労したことはほとんどないという。また、従業員の定着率も高く、仕事についていくことができずに辞める人は1人もいない。

　もう一つは、仕事の質の向上だ。不良品として顧客から戻される部品の割合（不良流出率）は、2000年時点の0.1％から、2005年には0.0003％にまで大きく改善した。以降はそのレベルを保ち続けている。加工や検査を行う従業員の集中力や意欲が高まったことが仕事の質の向上につながった、と上手社長は分析している。

　加工精度が改善したことで、仕事の幅も広がった。それまでは家電の部品加工が中心だったが、その多くは中国など海外に流れてしまっていた。代わりに事業の柱に育ちつつあるのが、医療機器の部品である。家電よりも高い精度が必要とされ、海外よりも国内のほうが優位を保っている有望分野だ。難度が高い分、他の分野よりも利幅は大きい。しかも、ロットが小さいため、大企業と競合することは少ない。

　こうして、多能化からワークライフバランス向上へと続く同社の組織改革は、着々と成果を上げてきている。

　「人はコストではありません。財産なのです」。ヒアリングを終え、上手社長の冒頭の言葉を反芻してみて、得心した。どんなに高性能の機械を使って加工をしたとしても、結局のところ、その機械を操作し、品質の検査を行うのは、人である。精密部品メーカーというと、機械

によって全自動化された無機質な空間を思い浮かべるかもしれない。しかし、どんな企業においても、仕事の質を決めるのは、そして組織の柱となるのは、やはり人なのである。

（藤井　辰紀）

⑬

全社員が働きやすい
会社を目指して

㈱天彦産業

企 業 概 要

代 表 者	樋口 友夫
創　　業	1875年
事業内容	特殊鋼材の卸売
所 在 地	大阪府大阪市住之江区南港南5-5-26
電話番号	06-6613-2361
Ｕ Ｒ Ｌ	http://www.tenhiko.co.jp
従業者数	39人（女性9人）

代表取締役社長
樋口 友夫

　高い能力をもちながら、業界や企業の長年の慣習から、会社の中で責任のある仕事を与えられてこなかった女性は、少なくないのではないだろうか。㈱天彦産業は、いわゆる補助的な業務を行っていた若手女性社員を集めてウェブ営業チームを組織し、海外顧客の獲得に成功している。

女性だけのウェブ営業チームを設立

　㈱天彦産業は、丸太を切断する大鋸をつくっていた鍛冶屋をルーツとする、創業130年を超える老舗企業である。時代とともに製造業から商社へと転換し、戦争やオイルショックといった大きな危機を乗り越えてきた。現在の主力商品は、工具用や金型用の特殊鋼、ばね鋼など、さまざまな工業製品の製造に不可欠な鋼材だ。国内はもとより、タイと中国にも販売拠点を置き、アジア各国の顧客のニーズに応えている。

　この海外展開の一翼を担っているのが、女性だけのウェブ営業チーム、TWS（Tenhiko Web Sales）である。日本語、英語、中国語のホームページを通じて商品の情報を提供しながら、語学の得意な若手女性社員4人が、国内外の新規顧客への対応を一手に引き受けている。最近では、毎日3～4件の新しい問い合わせが入るようになった。顧客の要望を十分に確認したうえで、取引量や受注頻度、品目や立地などに応じて、国内の営業担当者や海外拠点に引き継いでいく。あるいは、顧客によっては、そのまま継続して担当窓口となる。単なる受付部門ではない。価格決定権や契約の権限ももつ、独立した初期営業の担当部署だ。

　チームが発足したきっかけは、現在二度目の産休中であるチーフの伊藤美保さんのアイデアだ。2005年、貿易事務を担当していた伊藤さんは、出産のため長期休暇を取ることになった。担当していた仕事は非常に重要であったため、会社としてはすぐに欠員を補充する必要がある。しかしそれでは、伊藤さんが帰ってくる場所がなくなってしまう。そこで樋口友夫社長は、産休後に新しい部署を立ち上げるための企画の立案を、宿題として出した。

　当時、同社で女性が行っていたのは、いわゆる補助的な業務が中心

であった。営業担当の男性や倉庫の物品管理をサポートする仕事である。ちょうどそのころ、国内の取引先が海外で生産を開始するケースが増えており、実績のなかった海外メーカーからの新規受注も伸びつつあった。そこに目をつけた伊藤さんは、既存の取引先だけではなく、海外に存在する潜在的なクライアントに向けたウェブ営業部門の設立を企画し、女性がその中核となることを休暇明けに提案した。貿易事務で鍛えられた語学力という強みをフルに活かし、アシスタント的な業務ではなく、第一線の営業をやってみたいと考えたのだ。

樋口社長も、このアイデアに賛同した。同社では事業拡大に伴い、4年制大学からの新卒学生を毎年採用していた。海外との取引増を見越し、語学が得意な人や、留学経験者を意識的に選んでいた。「応募してくれた学生のなかから、当社の求める人材を絞り込んだところ、最終的に女性だけが残ったのです」と樋口社長は振り返る。ただ、業界の慣習もあって、外回りの営業は主に男性が担っていたため、女性たちのせっかくの能力を十分に活用できていないと考えていた。新しいチームの結成は、補助的な業務を中心に行っていた彼女たちの能力を、存分に活かすことができる場になると考えたのだ。

責任を与えることで成長

設立から約5年が経過し、TWSの成果は特に海外の新規顧客の増加に、はっきりと表れてきた。これは、単に語学の得意な人を集めたことによる効果だけではないと、樋口社長は分析する。責任のある仕事を任せたことで、チームに入った女性の仕事に対する意識が、はっきりと変化したのだそうだ。それまでも、確かに与えられた仕事をこなすという意味では優秀だった。それに加えて、会社全体を見渡しながら、新たな提案をしていく土壌が生まれてきたという。

女性だけではなく、男性にもプラスの効果が出てきた。ウェブ営業

スッキリ委員会の活動

は、コンピュータを通しているとはいえ、顧客と向き合うのはやはり人である。「丁寧な説明や事後フォローなど、相手の身になって考える細やかさは、男性よりも優れているようです」と樋口社長は語る。女性が営業を担当することで、これまで気づいていなかった気配りの重要性を、男性の営業担当者も理解するようになり、会社全体の営業力が向上したのだ。

　このように、TWSによって、同社は女性が活躍できる場面をつくり出した。しかし、社員の力を最大限に伸ばしていこうとする試みは、女性だけに限ったものではない。同社では、社員による、さまざまな委員会活動を行っている。全社員がいずれかの委員会に所属しており、委員会の委員長は一年任期で選出される。現在あるのは、事務所や倉庫などの美化や整理整頓を推進する「スッキリ委員会」、社員の健康促進を考える「ハツラツ委員会」、自己啓発を促す「ヒラメキ委員会」、社内報の発行をはじめとする広報活動を担う「トキメキ委員会」の四つだ。こうした委員会活動を通して、若手社員は自分自身で考えることを学んでいく。これまでに、花壇づくり、交通安全講習会、ノーマイカーデーなど、さまざまな企画が提案され、実施されている。

また、社員の表彰制度も設けている。毎月、社員同士の投票によって、月間ベスト社員を選ぶ。さらに年に一度、そのなかから期待賞や成長賞、最優秀賞である天彦賞を選び表彰する。部署単位で選ばれるインセンティブ賞もある。頑張った人を、きちんと褒めることが大切だと考えるからだ。

社員あってこその会社

　同社は経営理念として社員第一主義を掲げる。「顧客を重視するというのは商売人としては当然です。それを理解したうえで、顧客を支えるのは社員であり、社員こそが企業のブランドだということを常に考えていたいのです」と樋口社長は言う。こうした思いは、これまでの歴史から生まれたものだ。長い歴史のなかで、同社は何度か倒産の危機に見舞われた。月商の20倍もの不渡り手形を受け、経営者が私財をほとんど処分したこともあったという。そうしたとき、当時の社員たちは賞与が出ないような状況でも、一丸となって会社の再建に協力してくれた。だからこそ、社員のことを常に一番に考えるのだと、樋口社長は語る。
　こうした理念の下、同社では社員個々人の声を拾っていくことも積極的に行っている。年に一回、樋口社長自らが社員と面接をして、今の仕事で迷っていることはないか、これから何をやりたいかなど、直接話を聞く。もちろん普段からコミュニケーションを取ることは心がけてはいるが、二人きりになると意外な本音がみえてくるそうだ。そのほか、TM会と呼ぶ選挙で選ばれた社員代表と社長との月一回の定例会議を開き、よりよい職場をつくっていくための意見交換を行っている。ある大学の研究室の協力で、社員の意識調査を行ったこともあるそうだ。
　こうした仕組みは、同社が成長する過程で徐々に生まれてきたもの

だ。「社員が10人くらいなら、普段の仕事のなかで自然に話ができますが、40人ほどの規模になって直接話をする機会が少なくなり、社員の年齢や性別もさまざまになってくると、意図的に取り組まないと彼らの本当の気持ちを知るのは難しい」と樋口社長は言う。中間管理職からの間接的な聞き取りだけでは不十分なのだ。

　同社の取り組みは、社員に向けたものだけにとどまらない。彼らが働いている会社や経営陣、同僚について、その家族にも知ってもらうことで、例えば忙しくて残業や休日出勤が必要になったときにも、快く送り出してもらえると考えるからだ。そのために、同社では、社員の家族が参加する、さまざまなイベントを行っている。地元金剛山への登山とバーベキュー大会は、10年以上続いている定例行事だ。2009年からは、家族参観日を始めた。子ども参観日を行っている企業があると聞き、せっかくだから子どもだけではなく、配偶者や両親も呼んだらどうかということで始まったものだ。

制度の充実をアピール

　同社では、働きやすい職場を目指し、さまざまな休暇制度を社員のニーズにあわせて充実させてきた。樋口社長は、「器をつくってから物を入れるのではなく、必要ならつくるという考えでこれまでやってきた」と語る。2人の子どもの出産、育児のために休業し、その後職場復帰した女性もいる。最近では、妻がガンにかかった男性が存分に介護のための時間を取れるよう、長期間の休みが取れる制度を充実させた。

　しかし一方では、こうした取り組みを目にみえる形で社外に示していくことも怠らない。優秀な社員を確保するには、大企業に負けない制度が整っていることを示すのも重要だと考えるからだ。同社では、次世代育成支援対策推進法に基づき、子育て支援のための対策や目標

社員の家族が参加するイベント

などを明示した一般事業主行動計画の策定を行った。当時、従業員数が301人以上の企業には義務化されていたが、同社の規模では必ずしも必要ではなかったものだ[2]。それだけではない。さらに、計画の社員への周知徹底、育児休業等取得率70％以上などといった厳しい基準を満たし、同法の認定を2008年に取得した。大手企業の子会社を除けば、大阪府内の中小企業で2例目だという。これによって、表示マーク「くるみん」を、会社のパンフレットなどに使用し、子育てサポート企業であることをアピールしている。

　このようなさまざまな取り組みの結果、現在同社では、多くの女性が活躍するようになった。ただ、その根底にあるのは、性別に関係なく、社員がその力を十二分に発揮できる環境を積極的に生み出していこうという考え方だ。この社員第一主義の下で、同社がさらに発展することに期待したい。

（深沼　光）

2　2011年4月からは、従業員数101人〜300人の企業にも義務付けられた。

女性が輝く小企業

2011 年 9 月 15 日　発行

編　者　Ⓒ日本政策金融公庫
　　　　　総合研究所
発行者　脇　坂　康　弘

発行所　株式会社　同　友　館
〒113-0033 東京都文京区本郷 6-16-2
BR 本郷 5 ビル　2F
電話　03(3813)3966
FAX　03(3818)2774
http://www.doyukan.co.jp/
ISBN 978-4-496-04819-7

落丁・乱丁本はお取替えいたします。